MARCO POLO

W0069318

MAURITIUS

Reisen mit **Insider Tipps**

> Wer nach Mauritius fliegt, findet ein
> bezauberndes Fleckchen Welt, das
> sich auf kleinstem Raum topografisch
> wie kulturell unentwegt ändert.
> *MARCO POLO Autor*
> *Freddy Langer*
> (siehe S. 131)

(siehe S. 131)

Spezielle News, Lesermeinungen und Angebote zu Mauritius:
www.marcopolo.de/mauritius

MAURITIUS

> SYMBOLE

Insider Tipp **MARCO POLO INSIDER-TIPPS**
Von unserem Autor für Sie entdeckt

★ **MARCO POLO HIGHLIGHTS**
Alles, was Sie auf Mauritius kennen sollten

☼ **SCHÖNE AUSSICHT**

📶 **WLAN-HOTSPOT**

▶▶ **HIER TRIFFT SICH DIE SZENE**

> PREISKATEGORIEN

HOTELS
€€€ über 120 Euro
€€ 70–120 Euro
€ bis 70 Euro
Die Preise gelten für zwei Personen im Doppelzimmer pro Nacht mit Halbpension

RESTAURANTS
€€€ über 30 Euro
€€ 15–30 Euro
€ bis 15 Euro
Die Preise beziehen sich auf ein Essen à la carte mit drei Gängen einschließlich Getränken

> KARTEN

[116 A1] Seitenzahlen und Koordinaten für de Reiseatlas Mauritiu

[U A1] Koordinaten für die Karte Port Louis im hinteren Umschlag

[0] außerhalb des Kartenausschnitts

Zu Ihrer Orientierung sind auch die Objekte mit Koord naten versehen, die nicht i Reiseatlas eingetragen sind

INHALT

> SZENE

S. 12–15: Trends, Entde-
ckungen, Hotspots! Was
wann wo in Mauritius los
ist, verrät der MARCO
POLO Szene-Scout vor Ort

> 24 STUNDEN

S. 90/91: Action pur
und einmalige Erlebnisse
in 24 Stunden! MARCO
POLO hat für Sie einen
außergewöhnlichen
Tag auf Mauritius
zusammengestellt

> LOW BUDGET

Viel erleben für wenig Geld!
Wo Sie zu kleinen Preisen
etwas Besonderes genießen
und tolle Schnäppchen
machen können:

Günstiger Samstagsbrunch im
Gartencafé S. 38 | Konzerte –
von erschwinglich bis kosten-
los S. 51 | Schnorcheltour mit
Gruppenrabatt S. 61 | Ladies'
Night in Rivière Noire S. 72 |
Einheimischer Mittagstisch im
Supermarkt S. 79

> GUT ZU WISSEN

Mauritische Spezialitäten
S. 26 | Gebirgswanderungen
S. 54 | Bücher & Filme S. 64
| www.marcopolo.de
S. 100 | Was kostet wie
viel? S. 101 | Blogs S. 102 |
Wetter auf Mauritius S. 105

AUF DEM TITEL
Port Louis: Kontrastreiche
Inselmetropole S. 44
Baden in Flic en Flac S. 79

ENTDECKEN SIE MAURITIUS!

Unsere Top 15 führen Sie an die traumhaftesten Orte und zu den spannendsten Sehenswürdigkeiten

Die Highlights sind in der Karte auf dem hinteren Umschlag eingetragen

 Cavadee

Büßer peinigen sich mit Nadeln und tragen das schwere, mit Blumen geschmückte Cavadee auf den Schultern (Seite 22)

Père-Laval-Tag

Am 9. September ziehen Tausende Pilger zum Grab des Nationalheiligen Père Laval in Sainte Croix (Seite 23)

Inseln im Norden

Ein Segeltörn zu den Inseln mit Traumstränden und intaktem Korallengarten ist ein Urlaubshöhepunkt (Seite 34)

Le Pescatore

In Trou aux Biches liegt für viele das beste Restaurant der Insel – ein Muss für Feinschmecker (Seite 42)

Champ de Mars

Jeden Samstag von März bis Oktober: Dieses Pferderennen in Port Louis ist das gesellschaftliche Ereignis für Arm und Reich – und ein Hauch von Ascot auf Mauritius (Seite 46)

Zentralmarkt

Ein nostalgisches Bild bieten die Markthallen von Port Louis. Fremdartige Gerüche dringen in die Nase, und die Augen kommen aus dem Staunen nicht heraus (Seite 49)

„Blaue Mauritius"

Im Blue Penny Museum in Port Louis ist jetzt das Original ausgestellt – absolut lohnend, nicht nur für Philatelisten (Seite 46)

> DIE BESTEN MARCO POLO HIGHLIGHTS

 Caudan Waterfront
Boutiquen, Juweliere, Bars und
kleine Restaurants laden in Port Louis
zum Bummeln und Verweilen ein
(Seite 50)

 Eureka
Im 1836 erbauten Kolonialhaus bei
Moka spürt man die Atmosphäre
vergangener Tage (Seite 55)

 Kalaisson-Tempel
Abercrombie: Vor der spektakulären
Kulisse der Montagne Longue leuchten
indische Götter (Seite 55)

 Domaine du Chasseur
In den dichten Wäldern tummeln sich
Hirsche und Wildschweine, Falken
kreisen am Himmel (Seite 63)

 Ile aux Cerfs
Pulvrige weiße Strände, umspült vom
kristallklaren Wasser der türkisfarbenen
Lagune (Seite 65)

 Varangue sur Morne
Einheimische Küche mit Blick über
die Südwestküste und auf den Morne
(Seite 68)

 Black River Gorges National Park
Wanderwege in abwechslungsreicher
Landschaft – unterwegs durch Wälder
und auf den Piton de la Petite Rivière
Noire (Seite 70)

 Casela Nature & Leisure Park
Der Park, eingebettet in eine bezau-
bernde Landschaft, zeigt die Tiere der
Insel (Seite 82)

WAS
FÜR
EINE
INSEL!

AUFTAKT

> Wer nach Mauritius fliegt, sucht Sonne und Strand – und findet ein bezauberndes Fleckchen Welt, das sich auf kleinstem Raum topografisch wie kulturell unentwegt ändert: Vom Strand zum Regenwald ist es nur eine Stunde, vom Tamilentempel zur christlichen Wallfahrtsstätte sind es keine fünf Minuten. In Port Louis herrscht, zumindest tagsüber, quirliges Leben, aber nur wenige Kilometer entfernt scheinen die bunten Dörfer der Kreolen einer vergangenen Zeit entsprungen. Und überall ist man aufs Herzlichste willkommen. Mark Twain sagte bei Gelegenheit, Gott habe zuerst Mauritius erschaffen und nach dessen Vorbild dann das Paradies.

> Diamant des Indischen Ozeans – so wird Mauritius in den Hochglanzbroschüren der Reiseveranstalter genannt. Die Insel ist ein Traumziel für Sonnenanbeter, die bei Unterkunft, Verpflegung und Service auf ein gewisses Niveau Wert legen. Sonne, Palmen, weiße Strände, zum Baden einladendes warmes Meerwasser, türkisfarbene Buchten und ansprechende Hotelanlagen mit großem Swimmingpool – das alles und noch viel mehr verspricht (und hält!) das im Tropengürtel und im wärmsten unserer Weltmeere gelegene Eiland.

Noch vor 25 Jahren galt Mauritius als luxuriöses, abgelegenes Exklusivurlaubsziel, das nur wenigen Privilegierten offen stand. Die Luxushotels mit legendärem Service,

> ### Anfangs war Mauritius ein Piratennest ...

traumhaften Wellnessbereichen und weitläufigen Golfanlagen gehören weiterhin zu den Weltbesten – wer das Besondere sucht, wird nicht enttäuscht werden. Mittlerweile haben jedoch so gut wie alle Reiseveranstalter die Insel im Programm und bieten gute, preiswerte Alternativen zu den Tophotels an. Insider wissen außerdem, dass ein Aufenthalt am Indischen Ozean nicht unbedingt teuer sein muss. Sonnenanbeter fühlen sich hier ebenso wohl wie Aktivurlauber und Sportfanatiker. Vom Globetrotter bis zum Filmstar ist alles vertreten – für jeden Anspruch ist das richtige Angebot dabei. Auch wenn die Besucherzahlen stetig zunehmen und sich immer mehr Hotels entlang der Strände ausbreiten, hat Mauritius seinen Zauber bewahrt.

Als portugiesische Seefahrer die Insel, die mit 1865 km² kaum größer als Berlin ist, im 16. Jh. entdeckten, fanden sie dort lediglich einige Vogelarten, dichten tropischen Urwald und eine große, von einem Korallenriff gesäumte Lagune vor. Nach erfolglosen Besiedlungsversuchen durch die Niederländer, denen tropische Stürme und Piraten das Leben schwer machten, ließen sich die Franzosen hier mitsamt afrikanischen und madagassischen Sklaven

Die Hindus lieben farbenfrohe Gewänder

nieder. Anfang des 19. Jhs. eroberten die Briten die Kolonie und lockten mehr als 1 Mio. indische Vertragsarbeiter ins Land. Hinzu kamen chinesische Facharbeiter. Kein Wunder also, dass die Bevölkerung der heutigen Republik Mauritius aus vielen ethnischen Gruppen zusammengesetzt ist. Die Menschen aller Hautfarben tolerieren sich jedoch mitsamt ihren unterschiedlichen Bräuchen und Religionen. Sie sind stolz auf ihre Insel und deren kulturelle Vielfalt. Auch die offiziell nicht anerkannte Landessprache *Créole,* die fast alle der 1,2 Mio. Mauritier im Alltag sprechen, ist ein wichtiger Stein im Aufbau einer nationalen Identität.

So vielfältig wie die Bevölkerung, so abwechslungsreich ist auch die Landschaft der tropischen Insel. Vulkane ließen sie vor etwa sieben bis acht Millionen Jahren aus dem Meer entstehen. Die Kegel der vor langer Zeit erloschenen Feuerberge ragen noch immer bizarr in den Himmel. Durch das Absacken des Lavabodens entstand das Korallenriff, das fast die ganze Insel umgibt und eine flache, maximal 40 m tiefe Lagune bildet. Ihr 24 bis 27 Grad warmes, strömungsarmes Wasser bietet schier unbegrenzte Badefreuden und exzellente Verhältnisse für Freunde aller Wassersportarten. Hohe Wellen und Haie werden vom Riff abgehalten, die Großfische jenseits des Korallengürtels sind zum Jagdobjekt leidenschaftlicher Sportfischer geworden. Das ganze Jahr über liegen die Lufttemperaturen tagsüber zwischen 24 und 30 Grad,

Chinesische Pagode in Port Louis

die Sonne verwöhnt die grüne Insel und lässt eine einzigartige Vegetation gedeihen.

Trotz des Gewächshausklimas konnte sich das in die Unabhängigkeit entlassene Mauritius ohne die Hilfe einer Kolonialmacht nur

> ... *dann kamen Investoren und Tourismus*

schwer ernähren. Die Regierung suchte nach Alternativen zum Zuckerrohr, das auf 80 Prozent der landwirtschaftlich nutzbaren Fläche angebaut wird. Sie schuf 1970 eine Freihandelszone und lockte so Investoren an, die vor allem aus der Textilbranche kamen und hier bis heute modische Kleidung produzieren. Gleichzeitig wurde der Fremdenverkehr ausgebaut und die Insel gut vermarktet.

Der Tourismus veränderte das Gesicht der Insel, beeinträchtigt deren Charme jedoch nicht. Entlang der schönsten Strandabschnitte öffneten immer mehr Hotels ihre Pforten, und ruhige Fischerorte mauserten sich zu Ferienzentren. Obwohl diese Entwicklung nicht allen Mauritiern Vorteile bringt, treten sie Fremden mit großer Freundlichkeit entgegen.

Die Zukunft der wirtschaftlichen Entwicklung – vor allem in der Zuckerindustrie – ist ungewiss. Die Regierung versucht, sich durch die Fächerung des Angebots an Industrie- und Landwirtschaftsprodukten den Herausforderungen des 21. Jhs. zu stellen, und verstärkt insbesondere die Bemühungen im IT-Sektor (Bau einer Cybercity). Glitzernde Hochhäuser und schicke Hotels können nicht darüber hinwegtäuschen, dass Mauritius stark von der Weltkonjunktur, vor allem vom europäischen Markt abhängig ist. Trotz aller Vorteile des modernen Lebens sind soziale Sicherheit oder Arbeitslosengeld noch Fremdwörter, und die Mehrzahl der Einwohner kann von dem in der Werbung präsentierten Lebensstil nur träumen. Viele versuchen, sich als Kleinunternehmer zu betätigen, bieten Dienstleistungen an, vermieten ein paar Zimmer oder Appartements an Touristen und versuchen damit, sich eine Scheibe vom

Wohlstand abzuschneiden. Wer, ohne vorher zu buchen, anreist, wird daher ohne Schwierigkeiten eine günstige Unterkunft finden.

Mauritius bietet viel mehr als Strandurlaub. Es lohnt sich, mit dem Mietauto auf Entdeckungsfahrt zu gehen oder die Menschen hautnah im Bus zu erleben. Mit dem Rad oder zu

> **Farbenprächtige Korallenriffe, bunt blühende Gärten**

Fuß kommt man den kleineren Schönheiten der Insel am nächsten: Dabei atmet man den Duft der Bougainvilleen ein, spürt die salzige Meeresbrise, hört das Rauschen des Zuckerrohrs oder lauscht dem Gesang eines Vogels.

In abgelegenen Flusstälern und in den Höhen der Berge entdeckt man die Vielfalt der einheimischen Pflanzenwelt. Im tiefen Dickicht der Urwälder leben die letzten Vertreter einer einst artenreichen einheimischen Vogelwelt, darunter der sehr seltene Mauritius-Turmfalke *(Kestrel)* und die bildschöne Rosentaube *(Pink Pigeon)*. Häufiger sieht man jedoch eingeführte Tierarten wie Javahirsche, Affen oder Wildschweine. Die Gärten produzieren eine ewige Blütenpracht, am Korallenriff sowie rund um viele vorgelagerte Inseln gedeiht örtlich eine bunte Unterwasserflora und -fauna.

Denjenigen, die mit wachem Sinn, gespitzten Ohren und offenen Augen unterwegs sind, offenbart die Insel ihren ganzen Zauber.

Mauritius ist ein Paradies für Tauch- und Schnorchelfans

▶▶ TREND GUIDE MAURITIUS

Die heißesten Entdeckungen und Hotspots! Unser Szene-Scout zeigt Ihnen, was angesagt ist

Gerald Bancilhon

wurde auf Mauritius geboren und verbrachte dort den Großteil seines Lebens – ein Mann, der seine Insel kennt und dieses Wissen zu seinem Beruf gemacht hat. Von Deutschland aus organisiert er individuelle Mauritius-Reisen. Damit sein Heimweh nicht zu groß wird und er immer auf dem Laufenden über neue Entwicklungen bleibt, pendelt er regelmäßig zwischen Deutschland und Mauritius.

▶▶ DARF'S ETWAS MEHR SEIN?

Champagner inklusive? Kein Problem!

Luxus ohne Limit ist der neueste Trend auf Mauritius – Trendsetter war das 5-Sterne-Hotel *Shandrani*. Haute Cuisine und erstklassiger Service verstehen sich von selbst, mittlerweile ist auch der Champagner im All-inclusive-Preis enthalten. Und nicht nur das: Tauchausrüstung, Wasserski, Surfbrett, Tennisplätze, Spa, Golfplatz – alles wartet darauf, benutzt zu werden *(Blue Bay, www.beachcomber.de/Hotels/Shandrani)*. Keine Lust auf Frühstück am Buffet? Kein Thema: Der persönliche Butler bringt im neuen *Beau Rivage* Kaffee & Co. aufs Zimmer und packt auf Wunsch gleich die Strandtasche *(Belle Mare, www.naiade-resorts.de, Foto)*. Immer mehr Hotels setzen auf das Erfolgskonzept und nehmen die Luxusvariante des All-inclusive-Urlaubs in ihr Programm.

SZENE

▶▶ OH, THAT SCENT!

Individuelle Düfte, die verzaubern

Mauritius' Blüten riechen gut. Der Duft der Ylang-Ylang-Pflanze betört nicht nur die Sinne, sondern verbreitet angeblich auch überschäumende Lebensfreude und Spontaneität. Die Beauty-Victims der Insel entdecken nun die Ylang-Ylang-Essenzen, aus denen erstklassige Parfums hergestellt werden, für sich. In der einzigartigen Plantage am Fuße des Berges Anse Jonchée stehen ca. 15 000 Ylang-Ylang-Bäume, deren Blüten in den frühen Morgenstunden gepflückt werden müssen. Nur dann kann sich das exotische Aroma am besten entwickeln. Die Destillerie, die sich inmitten der Plantage befindet, ist magischer Anziehungspunkt für alle, die ein unvergessliches Duft-

erlebnis suchen. Hier kann man die Herstellung des Ylang-Ylang-Öls live erleben und noch vor Ort eine Essenz kaufen *(Anse Jonchée, Vieux Grand Port, Tel. 634 57 02)*.

▶▶ KITESURFEN

Mit dem Drachen über die Wellen

Wind, Meer und Wellen ziehen Kiter magisch an. So jagen die Sport-Cracks nun auch auf Mauritius der höchsten Welle und der steifsten Brise hinterher. Je nach Jahreszeit zieht es die Surfer zu den Breakpoints Manawa und Chameaux. Und mit der Lagune von Bras d'Eau hat die Station *Kite2fly (Coastal Road, Bras d'Eau Poste Lafayette, www.mauritius.kite2fly.com)* einen der schönsten Plätze fürs Kiten entdeckt! Anfänger finden hier ihr Paradies und werden zu Wiederholungs-tätern. Grund: die Kombination aus Flachwasser auf der einen und einem recht leicht zu fahrenden Wellenspot auf der anderen Seite. Kitern aller Klassen, die nicht genug kriegen können und die ihre Jumps perfektionieren wollen, steht die Kiteschule *Kitesurf Paradise Ltd* mit Tipps und Tricks zur Seite *(Royal Road, Trou d'Eau Douce, www.mauritius-kitesurf.com)*.

▶▶ ABSEILING

Trendsport auf dem Vormarsch

Einen Wasserfall und ein Seil – mehr braucht der Mutige nicht. Der neueste Trendsport heißt Abseiling! Dabei geht's am Kletterseil rückwärts Schluchten und Wasserfälle hinab und schwimmend durch reißende Flüsse. Hotspot für alle Adrenalinjunkies ist der Nationalpark Gorges de la Rivière Noire. Dort stürzt das Wasser bis zu 100 Meter in die Tiefe. Guide und Seile gibt's zum Beispiel bei *MTTB Mautourco (www.mttb.com,* Foto). Den

ultimativen Abenteuerkick verspricht auch eine Abseiling-Tour durch die Tamarind Falls. Sieben Stufen warten auf ihre Bezwinger. Guide Olivier führt Anfänger und Könner professionell durch die Wasserfälle *(www.otelair.com).*

▶▶ SPIELFIEBER

Casinos entstehen

Von wegen Rien ne va plus! Die Kugel rollt, die Spannung steigt und mit ihr die Anzahl an Casinos, die auf Mauritius wie Pilze aus der Erde schießen. Doch Casino ist nicht gleich Casino. Die Spieltempel avancieren zum Event-Hotspot. Edel und stylisch spielt man im *Hotel Trou aux Biches.* Hier wird zuerst am Strand diniert, um anschließend im dazugehörigen Casino am Roulettetisch Platz zu nehmen *(Triolet, www.beachcomber-hotels.com).* In Port Louis an der Waterfront vereinen sich Kunst und Glück zum Anziehungspunkt für Fans von Black Jack & Co. *(Old Pavillon Street, Le Caudan, www.caudan.com).* Malereien an den Wänden verpassen dem Interieur einen lässigen Touch, was jedoch nichts über die Kleiderordnung aussagt. Smart casual tagsüber, abends sind schicke Outfits angesagt. Ebenso klassisch wie die Kleidung ist im *Domaine les Pailles* die Inneneinrichtung. Nichts lenkt hier vom eigentlichen Thema, dem Spielen, ab *(Les Guibies, Pailles, www.domainelespailles.net,* Foto).

>> FASHION EXCLUSIVE

Kreative Power von der Insel

Die Insel entwickelt sich zu einem Mode-Mekka. Das lässige Jeans-Label *IV pl@y (www.iv-play.com,* Foto*)* setzt Trends, der *IV-Play*-Shop im *Caudan-Waterfront-Shopping-Center* in Port Louis ist ein echter Magnet für Fashionistas. Und auch Anya Hindmarch lässt sich von Mauritius inspirieren *(www.anyahindmarch.com).* Die international bekannte Designerin der It-Bag *I'm Not A Plastic Bag,* welche innerhalb kürzester Zeit weltweit ausverkauft war und ein Lieblingsteil der Hollywoodstars ist, eröffnete eine Boutique im Hotel *Le Prince Maurice (Choisy Road, Poste de Flacq, www.princemaurice.com).* Das Besondere: Auf dem europäischen Festland betreibt Anya Hindmarch keinen einzigen Shop, aber eben auf Mauritius!

>> JA, ICH WILL!

Strand und Sonne statt Standesamt

Weißer Sandstrand als perfekte Weddinglocation, Meeresrauschen als Hochzeitsorchester – Romantik pur! Barfuß über einen Teppich aus Blüten zum „Altar" am Strand schreiten, nach der Zeremonie unter Palmen mit ein paar Freunden Party machen. Kein Wunder, dass davon immer mehr Verliebte angelockt werden. Zudem sind die Formalitäten verhältnismäßig einfach und fast alle Hotels bieten Hochzeitsarrangements an *(www.my-mauritius.de).* Professionelle und individuelle Weddingpackages schnürt zum Beispiel die Münchner Spezialagentur *World Wide Weddings (www.world-wide-weddings.de).*

>> NIGHTCLUBBING

Trendy: tanzen und loungen in einer Location

Es tut sich was in Sachen Nightlife, das Club-&-Pub-Prinzip feiert Erfolge. Im *Arena Private Club* heizen zum einen DJs mit funky Beats und Hip-Hop-Sound die Stimmung an, zum anderen chillt die Szene in der Lounge und dem dazugehörigen Pub *(Pasadena Village, Royal Road, www.arena-club.com).* Weitere Places to be: der auf House spezialisierte *Buddha Club (Royal Road, Grand Baie)* und der *Fresh Club* in Port Louis *(Route Royale, Grande Rivière Nord Ouest).*

> ÜBER BRIEFMARKEN, TAUBEN UND ZUCKER

Legenden, Symbole und Helden –
Mosaikteilchen im mauritischen Gesamtbild

BLAUE MAURITIUS

Ein Irrtum führte dazu, dass die 1847 gedruckten Briefmarken „orange Mauritius" und „blaue Mauritius" als äußerst seltene und wertvolle Sammlerstücke Weltruhm erlangten. Mauritius war die erste Kolonie, die Briefmarken herausbrachte (Deutschland druckte 1849 erste Postwertzeichen). Der Graveur Joseph Barnard stach „Post Office" neben das Bild von Königin Viktoria in die Kupferplatte und druckte 500 Stück. Mit den druckfrischen Marken zierte Lady Gomm, die Gemahlin des damaligen britischen Gouverneurs, 150 der 350 Einladungen zu einem Ball. Kurz darauf wurde bemerkt, dass der Aufdruck hätte „Post Paid" lauten müssen. Heute ist die Existenz von 13 orangefarbenen One-Penny- und 12 blauen Two-Pence-Marken bekannt. Eine mauritische Interessengemein-

Bild: Zuckerrohrfelder prägen die Landschaft

STICH WORTE

schaft erstand 1993 je ein Exemplar für zusammen 1,5 Mio. Euro. Die Originale kann man im Blue Penny Museum in Port Louis sehen.

DODO

Der Ende des 17. Jhs. ausgestorbene Vogel ist heute präsenter denn je: Dodos in allen erdenklichen Formen und Farben stehen in den Regalen der Souvenirläden. Restaurants und Bars

sind nach ihm benannt. Auch ganz offiziell kommt er zu Ehren: als Wappenvogel der Insel.

Der zur Familie der Tauben gehörende Dodo (Raphus cucullatus), auf Deutsch Dronte, war etwas größer als ein Truthahn, hatte kurze Beine, einen dicken, überaus plumpen Körper und auf einem langen Hals einen runden Kopf mit federlosem Gesicht und großem Hakenschnabel. An Stelle von Flügeln wuchsen ihm kurze Stummel, und statt eines Schwanzes hatte er einen dünnen Busch Federn. Fliegen konnte er nicht, seine Eier brütete er auf dem Boden aus – beides wurde ihm zum Verhängnis. Obwohl das Fleisch nicht sonderlich schmackhaft gewesen sein soll, schätzten schon die frühen holländischen Seefahrer den Vogel als Abwechslung auf ihrer eintönigen Speisekarte. Es ist aber auch überliefert, dass Matrosen das Tier aus purer Freude erschlugen. Doch mehr noch als der Mensch dürften eingeführte Tiere wie Ratten, Schweine, Ziegen und Affen zur raschen Dezimierung des Dodos geführt haben. Die Rekonstruktion eines Dodos ist im Naturhistorischen Museum in Port Louis ausgestellt.

FILAOS

Nicht Kokospalmen, wie es die Klischeevorstellungen der Tropen erwarten lassen, säumen die weißen Sandstrände von Mauritius, sondern Filaos – auch Kasuarinen genannt. Im 18. Jh. wurden diese Bäume aus Australien eingeführt. Heute ziehen sich die dichten Haine fast überall an den Küsten entlang. Wie die Kokospalme gedeihen auch die Filaos im leicht salzigen Boden des Strandes. Grund für ihre rasche Ausbreitung jedoch ist, dass ihre Stämme und Äste flexibel genug sind, um den schweren Wirbelstürmen, den Zyklonen, nachzugeben. In ihrem Aussehen erinnern die Bäume an die europäische Lärche, tatsächlich aber handelt es sich bei den „Nadeln" um Verlängerungen der Zweige, die ähnlich wie Schachtelhalme ineinandergesteckt sind.

KOLONIALVILLEN

Leider stehen nur noch wenige der eleganten, prunkvollen Landhäuser, die reiche Familien Anfang des 19. Jhs. erbauen ließen. Als Baumaterial wurden Edelhölzer verwendet, rundum verlief eine überdachte Veranda, auf die Türen aus jedem Zimmer führten. Deren Öffnung ermöglichte eine so gute Durchlüftung, dass die Hitze selbst im Hochsommer erträglich blieb. Um die Gefahr eines Brandes zu verringern, wurde die Küche in einem separaten Steinhaus untergebracht. Einen Eindruck vermitteln die zu Museen umgestalteten Residenzen *Eureka* (1830) bei Moka und die 1872 erbaute *Domaine des Aubineaux* bei Curepipe. Eureka ist mit wertvollem Mobiliar aus dem 19. Jh. ausgestattet, in Les Aubineaux spürt man noch die gestaltende Hand der 1999 verstorbenen Besitzerin Louise-Myriam Harel.

Verwaltungs- und Repräsentanzbauten aus der Kolonialzeit haben, da aus Stein erbaut, in größerer Zahl überlebt. Brände und Zyklone konnten ihnen weniger zusetzen. Eindrucksvolle Beispiele sind das *Government House*, das *Mauritius Institute* und das *Theater* in Port Louis, das *Marinemuseum* in Mahébourg und das *Collège Royal* in Curepipe. Ihnen fehlen jedoch die Leichtigkeit und Verspieltheit der weiß leuchtenden Privatwohnsitze.

NATIONALBLUME

Die Trochetia Boutoniana (zu Deutsch: Ohrring) ist eine endemische Pflanze und wächst nur an den Hängen des Morne Brabant. Der orangefarbene

Nektar in den leuchtend roten Blüten riecht nach Vanille. Damit werden Geckos, Bienen und Vögel angelockt. Die Pflanze wurde 1994 zur National-blume von Mauritius ernannt.

ROUTE ROYALE

In jedem Ort auf Mauritius heißt die Hauptstraße Route Royale, was bis-weilen mit Royal Street, häufiger mit Royal Road übersetzt wird. Dabei ist es durchaus üblich, dass in einer Stadt alle drei Varianten benutzt wer-den. An diesen Straßen liegen die Lä-den, die Restaurants und die Bars. Da es auf Mauritius kaum Hausnum-mern gibt, sind die Adressen sämt-licher wichtiger Geschäfte identisch. Für den Fremden bedeutet das, ent-weder mit aufmerksamem Blick die Straße auf- und abzufahren oder ei-nen Einheimischen zu fragen. Da diese allerdings oft die Namen der Nebenstraßen nicht kennen, erfährt man häufig nur den Namen eines Geschäfts, das in der unmittelbaren Nachbarschaft liegt. Entgegen dem Anschein (vor allem entlang der Nordwestküste gewinnt man diesen Eindruck) ist die Route Royale nicht etwa eine durchgehende Straße, die die gesamte Insel durchzieht.

SEEWOOSAGUR RAMGOOLAM

Dem Namen Seewoosagur Ram-goolam begegnet man auf Mauritius überall. Der Flughafen, der botani-sche Garten, das größte Krankenhaus und viele andere Einrichtungen sind nach ihm benannt, zudem in fast je-

Eine der am besten erhaltenen Kolonialvillen: Eureka

dem Ort eine Straße. Ramgoolam kam 1900 als Sohn indischer Eltern auf Mauritius zur Welt. Nach einem Medizinstudium in Großbritannien kehrte er in seine Heimat zurück, wurde 1940 Konsul, kämpfte sehr bald für eine zunächst begrenzte Selbstverwaltung der Insel und ab 1948 als Vorsitzender der Arbeiterpartei für ihre Unabhängigkeit. Von 1968 bis 1982 leitete er die Regierung; nachdem seine Partei die Mehrheit verlor, hatte er das Amt des Generalgouverneurs inne, unserem Bundespräsidenten vergleichbar. Er starb 1985. Auf Mauritius nennt man ihn den „Vater der Nation und Architekten der Unabhängigkeit".

SPRACHE

Verwaltungssprache ist Englisch, die Oberschicht unterhält sich auf Französisch, untereinander benutzen die Mauritier Kreolisch. Von einzelnen Bevölkerungsgruppen gepflegte Sprachen wie Hindi, Urdu oder Kantonesisch kann man heutzutage in der Schule erlernen, nur Kreolisch, das 95 Prozent der Mauritier sprechen, wird weiterhin von den Autoritäten ignoriert. Der kreolische Wortschatz basiert auf dem Französischen, gespickt mit madagassischen, indischen und englischen Elementen. In den Medien gibt es Werbespots und täglich um 19 Uhr eine Nachrichtensendung auf Kreolisch, ansonsten dominiert hier Französisch. Indische Spielfilme laufen auf Hindi. Als Besucher der Insel kommen Sie mit Englisch zurecht, allerdings ziehen es die Mauritier generell vor, Französisch zu sprechen.

ZUCKERROHR

Die Insel habe zwei Landschaften, sagt man auf Mauritius, die eine sieht man vor, die andere nach der Zuckerrohrernte. Fährt man zwischen März und Juni über die Insel, ragen die Pflanzen bisweilen über Kilometer hinweg wie Mauern neben der Fahrbahn empor. 80 Prozent der landwirtschaftlich nutzbaren Fläche sind mit Zuckerrohr bebaut. Selbst in 600 m Höhe sind Felder angelegt. Schon 1639 führten die Niederländer die sturmresistente, widerstandsfähige Pflanze ein, aber erst den Franzosen gelang es Ende des 18. Jhs., Zucker von guter Qualität zu gewinnen. Seither steigt die Produktion. Heute werden in neun Fabriken bis zu 600 000 t Zucker produziert. Aus dem Nebenprodukt Melasse wird Rum gewonnen. Die Zuckerindustrie ist nach wie vor einer der größten Industriezweige und Arbeitgeber der Insel.

Es gibt verschiedene Möglichkeiten zu sehen, wie aus den Pflanzenstängeln der Saft gewonnen und zu Zucker verarbeitet wird: in der Freizeitanlage *Domaine les Pailles,* wo eine alte Fabrik wieder aufgebaut wurde, im neuen, sehr informativen Zuckermuseum *L'Aventure du Sucre* bei Pampelmousses oder in den modernen Betrieben, in denen meist jemand abgestellt wird, um neugierige Besucher durch die Anlage zu führen. Von Januar bis Juli sind die Unternehmen geschlossen, dann werden allenfalls die Maschinen gewartet.

ZYKLONE

Zyklone sind Wirbelstürme, die zwischen Dezember und April auftreten können. Sie entstehen in Äquatornähe über dem Meer, wenn sich das Wasser dort für längere Zeit über 26 Grad erhitzt und dadurch besonders schnell verdunstet.

Gewaltige Wolkentürme bilden sich und werden durch die Erdrotation in Bewegung gebracht. Nahe dem Zentrum eines Zyklons erreicht der Sturm Geschwindigkeiten von 250 km/h; das führt zu Springfluten und gewaltigen Niederschlägen. Besonders für die Landbevölkerung haben diese Stürme eine verheerende Wirkung. Straßen werden überschwemmt, Hütten fortgeblasen, Bäume entwurzelt und die Pflanzen auf den Feldern ausgerissen. In Radio und Fernsehen wird schon Tage vorher in allen Landessprachen auf das kommende Unwetter hingewiesen. Hab und Gut wird dann gesichert, Vorräte werden aufgestockt; wer in Blechhütten wohnt, findet sich in Gemeinderäumen, Schulen und Bürogebäuden ein. Es dauert nur wenige Stunden, bis ein Zyklon die Insel überquert hat, aber er hinterlässt meist ein Bild des Schreckens, als habe er tagelang gewütet.

Treffen auf einen Plausch – die meisten Mauritier sprechen Kreolisch

OPULENT UND FARBENFROH

Ob barfuß durchs Feuer oder Nadeln durch die Zunge –
es wird gefeiert

> Das Rassen- und Religionsgemisch der mauritischen Bevölkerung aus Hindus, Christen, Buddhisten und Taoisten macht sich auch in der Zahl der Feste bemerkbar: Es gibt viele gesetzliche Feiertage. Durch die unterschiedlichen Religionsgruppen fallen die wenigsten Feste auf gleich bleibende Daten, sie „wandern" zum Teil sogar durch das Jahr. Erkundigen Sie sich deshalb, wann sie in Ihrem Reisejahr gefeiert werden.

FESTE FEIERTAGE

1. und 2. Jan. *Neujahr;* **1. Feb.** *Tag der Sklavenbefreiung;* **12. März** *Tag der Republik und Unabhängigkeit;* **1. Mai** *Tag der Arbeit;* **9. Sept.** *Père-Laval-Tag;* **1. Nov.** *Allerheiligen;* **2. Nov.** *Gedenktag für die ersten indischen Immigranten (1835);* **25. Dez.** *Weihnachten*

WECHSELNDE FEIERTAGE UND FESTE

Januar/Februar ⭐
Cavadee: Das hinduistische Fest ist das spektakulärste Inselfest. Nach vielen Wochen des Fastens und Meditierens stechen sich die Tamilen am Tag der Prozession Nadeln durch Gesicht, Zunge, Brust und Rücken. Angestrengt tragen sie das bunt dekorierte *cavadee.* An zwei Seiten eines Bogens baumeln Milchtöpfe, aus denen nichts verschüttet werden oder gerinnen darf.
Chinesisches Neujahrsfest: Chinesische Familien schmücken das ganze Haus mit der Glücksfarbe Rot. In den Pagoden werden Opfergaben aufgestellt, in den Straßen finden Umzüge statt und Feuerwerkskörper knallen.

Februar
Id-al-Ada: Die Muslime gedenken Abrahams, der bereit war, seinen Sohn Isaak zu opfern. Symbolisch werden nach den Gebeten in der Moschee Schafe geopfert.

Februar/März
Maha Shivaratree: Bei diesem größten Hindufest außerhalb Indiens zu Ehren des Gottes Shiva ziehen mehr als

FESTE & MEHR

300 000 weiß gekleidete Hindus zum heiligen Kratersee Grand Bassin, um dort rituelle Waschungen vorzunehmen und Opfer zu bringen.

März
Holi: Das hinduistische Fest zwei Wochen vor dem indischen Neujahr geht auf die Legende vom Prinzen Pralad zurück, der ein Freudenfest feierte, als seine böse Tante Holika im Feuer ums Leben kam. Die Menschen werfen Strohpuppen auf Scheiterhaufen und bespritzen sich gegenseitig mit Farbe.

März/April
Ugadi: Neujahrsfest der Nachkommen der indischen Deccan-Region (Maharashtra, Karnataka, Andhra Pradesh). Beginn des neuen Mondkalenders mit Gebeten und guten Vorsätzen.

August/September
Ganesh Chaturthi: indisches Fest zu Ehren des Geburtstags des elefantenköpfigen Gottes Ganesh

September
Père-Laval-Tag: Am 9. September pilgern Einheimische aller Konfessionen zur Kirche Sainte Croix, der Grabstätte des Nationalheiligen, der sich aufopferungsvoll um Arme und Sklaven gekümmert hat.

Oktober/November
Divali: Das fröhlichste aller Hindufeste symbolisiert den Sieg des Guten über das Böse. Die Häuser werden opulent mit Kerzen, Öllampen und mittlerweile auch elektrischen Lichterketten dekoriert.

Insider
Tipp

November/Dezember
Ganga Asnan: hinduistisches Fest am Meeresufer. Da der Ganges in den Indischen Ozean mündet, reinigt ein Bad im Meer und gibt neue Kraft.
Teemeedee: tamilisches Fest, das das ganze Jahr über auf der Insel gefeiert wird, hauptsächlich von November bis Februar: Höhepunkt ist der Lauf über glühende Kohlen.

> FRÜCHTE, FISCH, FEINE GEWÜRZE

Die Küche von Mauritius glänzt mit internationalen Köstlichkeiten – frisch aus dem Garten der Natur

> **Wer nicht in Grand Baie, Péreybère oder im Zentrum von Flic en Flac nächtigt, tut gut daran, Halbpension zu buchen, denn von den meisten Ferienhotels aus sind Restaurants nur umständlich zu erreichen.**
Wer ein Selbstversorgerappartement oder eine Pension nahe einer Ortschaft wählt, hat hingegen die Wahl zwischen Snackbars, Straßenständen, Speiselokalen, Pizzerien und Gourmetrestaurants. Da die hygienischen Bedingungen meist gut sind, dürften selbst empfindliche Mägen keine Probleme bekommen. Schade wäre es deshalb, nie außerhalb des Hotels zu essen. Kaum irgendwo auf der Welt ist die Palette an indischen, kreolischen, chinesischen und französischen Menüs größer als hier. Vor allem in Spitzenrestaurants und Luxushotels kreieren die Köche dreier Kontinente extravagante Gaumenfreuden. Jenseits der Touristenzentren darf man in den Lokalen keine allzu hohen An-

> *www.marcopolo.de/mauritius*

ESSEN & TRINKEN

sprüche an Einrichtung und Service stellen. Die exotische Küche und die Liebenswürdigkeit des Personals machen dies aber wieder wett.

Entlang der Straßen liegen vor allem kreolische, chinesische, europäische und indische Restaurants. Japanische Küche, Thaiküche und Wildspezialitäten (einheimisches Rotwild und Wildschweine) gibt es vereinzelt, bei Heimweh lohnt sich ein Abstecher ins Café Müller in Grand

Baie oder ins „Wiener Walzer" in Pamplemousses, wo es österreichische Torten und guten Kaffee gibt. Vegetarier werden vor allem die abwechslungsreiche Kost indischer Restaurants schätzen. Die Buffets in den Hotels stehen allabendlich unter einem Motto, gelegentlich gibt es auch eine Menüauswahl. Wer anstatt im Hauptrestaurant in einem der zum Hotel gehörenden Spezialitätenrestaurants diniert, erhält meist einen

Rabatt. Hier stehen bevorzugt mediterrane Küche, Wild, Gegrilltes, Meeresfrüchte oder französische Haute Cuisine auf der Karte.

Die meisten Restaurants sind mittags von 12 bis 14 Uhr und abends ab 18 Uhr geöffnet. Nach 21.30 Uhr ist es schwer, ein offenes Lokal zu finden.

ESSEN

Die Alltagsgerichte der Kreolen heißen *cari (curry), daube* und *rougaille*. Sie bezeichnen allesamt Fleisch-, Geflügel- oder Fischgerichte mit unterschiedlichen Saucen, zu denen man gekochten Reis, Linsen- oder Bohnengemüse *(grains)* oder *brèdes* (zerkoch-

> SPEZIALITÄTEN
Genießen Sie die typisch mauritische Küche!

alouda – milchartiges Getränk, das in rosafarbener, hellgrüner und vanillegelber Variante gut gekühlt serviert wird, mit Fruchtsamen und Geleestücken

boulettes chinoises – Teigbällchen, die frisch frittiert als Snacks angeboten werden

briyani – pikante Reispfanne mit Fleisch-, Ei- und Gemüsestreifen (Foto)

cabri massala – Ziegenfleisch in würziger Massalasauce, beliebte Spezialität

nach hinduistischen Opferzeremonien

cari de cerf – Hirschgulasch in einer herzhaften Tomaten-Zwiebel-Sauce

cari oder curry de poulet – Hühn-

chenfleisch, Tomaten, Zwiebeln und Massalapulver, zusammengekocht und mit Reis und Hülsenfrüchten serviert

curry d'agneau avec coco et raisins – milder Lammcurry, mit Kokosnuss und Rosinen verfeinert

gâteau patate – saftiger, fester Kuchen aus Süßkartoffeln – das Nationaldessert

mine frite – kreolische Variante eines chinesischen Nudelgerichts, wahlweise vegetarisch, mit Huhn, Rind oder Fisch zubereitet

ourite sauce piquante – Spezialität aus frischem oder getrocknetem Tintenfisch in einer mit Gelbwurz (Kurkuma), Chili und Ingwer verfeinerten Sauce

poisson sauce créole – ganzer gegrillter Fisch oder ein Fischfilet in würziger Tomatensauce

punch – Punsch, vor allem den hausgemachten, serviert man als Aperitif. In der stärkeren Variante als *rhum arrangé* (mit Kräutern angesetzter Rum) auch als Digestif zu empfehlen

rougaille de bœuf – eine Art Gulasch vom Rind in mit Koriander *(cotomili)* verfeinerter Sauce

samoussas – in Öl knusprig gebratene Teigtaschen mit verschiedenen herzhaften Füllungen

te Gemüseblätter) und *chatini,* eine frisch zubereitete Mischung aus rohen Tomaten und Chili, reicht. Für die Sauce sind *pommes d'amour* (Liebesäpfel, der mauritische Name für Tomaten), Zwiebeln, Massala- und Kurkumapulver (Gelbwurz) sowie Koriander *(cotomili),* Chilis und die Gewürzblätter *cari poulet* unabkömmlich. Die indische Gewohnheit, Fladenbrot *(rotis, nans* oder *faratas)* zum Essen zu reichen, findet auf der ganzen Insel Anhänger, aber auch Baguette wird zu allen Mahlzeiten gereicht.

Wer auf Inseltour ist, sollte einen der einfachen „Snacks" besuchen und für wenige Rupien gekochte oder gebratene Nudeln *(mine bouille* oder *mine frite)* probieren oder die scharfen Snacks kosten, die an Buden oder vom Fahrradständer herunter verkauft werden. Meistens handelt es sich dabei um frittierte dreieckige Teigtaschen *(samoussas),* die mit Fleisch oder Gemüse gefüllt sind. Sie kosten nur ein paar Rupien, dafür werden sie allerdings in Zeitungspapier serviert. *Dholl pouris* ist ein Fladenbrot mit gelben Spalterbsen. *Farathas* sind Fladenbrote aus braunem oder weißem Mehl. Keinesfalls sollten Sie versäumen, von der großen Auswahl an frischen Früchten zu probieren.

Die mauritische Küche nutzt den ganzen Reichtum des Meeres

TRINKEN

Auf Mauritius werden drei Sorten Bier gebraut: *Phoenix* und *Black Eagle* entsprechen unserem Pils, *Blue Marlin* wird als „schwaches Starkbier" bezeichnet. Der auf der Insel produzierte Wein, der sogenannte *local wine,* wird aus importierter Traubenmasse vergoren und hergestellt. Empfehlenswerter ist südafrikanischer Wein, der in großer Auswahl auf den Weinkarten steht. Bier, aber auch Rum werden überall an Kiosken verkauft und direkt dort am Straßenrand getrunken.

Köstlich sind die Cocktails und die Rum-Mischgetränke *(punchs),* die an den Hotelbars erhältlich sind. Vitaminhaltig und sehr schmackhaft sind frisch gepresste Obstsäfte und Cocktails von exotischen Früchten. Das Joghurtgetränk *Lassi* sowie den Inhalt der Trinkkokosnuss sollten Sie unbedingt einmal probieren.

DODOS UND SCHIFFSMODELLE
Vor allem vom Direktverkauf in den Fabriken
können Touristen profitieren

> Ohne den Dodo geht gar nichts auf Mauritius. Kein Souvenirgeschäft ohne den ausgestorbenen Vogel – ob als Plüschtier aus Holz oder auf T-Shirts, Kaffeetassen. Doch Mauritius bietet nicht nur eine Handvoll kitschiger Mitbringsel. Von der Regierung gefördert, um neben dem Zuckerrohranbau und dem Tourismus weitere Standbeine der Wirtschaft zu schaffen, entstanden immer mehr Industriezweige. Die drei wichtigsten sind die Textilherstellung, die Schmuckbranche und der Modellschiffbau.

BLUMEN
Die herzförmige Anthurie ist ein beliebtes Mitbringsel. Man bestellt sie telefonisch bei *Sun Souvenir* (Tel. *637/37 84*) und erhält am Flughafen seinen Strauß in einer flugtauglich verpackten Kiste.

EINKAUFSZENTREN
Das beste Angebot findet man in *Grand Baie* am *Sunset Boulevard*. Entlang der Autobahn und rund um die Städte Rose Hill, Quatre Bornes, Phoenix und Cure-

pipe gibt es moderne Einkaufsmöglichkeiten mit großen Parkplätzen, Flanierzonen, jeder Menge Schnellimbissen und eleganten Geschäften. Zu den beliebtesten gehören das *Orchard Centre* in der St. Jean Road in Quatre Bornes, das *Phoenix Commercial Centre* in Phoenix, die *Arcades Curimjee* in Curepipe, die *Galleries Evershine* in Rose Hill und das *Trianon Shopping Centre* in Quatre Bornes (direkt an der Autobahn). Am schönsten sind die *Caudan* und die *Port Louis Waterfront* im alten Hafen von Port Louis. Alle großen Firmen haben hier eine Filiale, auch im *Happy World House* befinden sich elegante Boutiquen.

MÄRKTE
Sehr preiswert kauft man auf Märkten. Dort gibt es vor allem Lebensmittel, aber auch Kleidung, Stoffe, Hüte, Körbe, Geschirr und Schuhe. Bei Lebensmitteln ist Handeln nicht üblich, alle anderen Preise aber sind diskutabel.
Märkte: *Abercrombie (Di, Do, Sa); Centre de Flacq (Mi, So); Curepipe (Mi, Sa); Good-*

> EINKAUFEN

lands (Di, Fr); Mahébourg (Mo); Port Louis
(täglich); Quatre Bornes (Do, So Kleider-
markt; Mi, Sa reiner Gemüsemarkt)

SCHIFFSMODELLE

Die Qualität der Modelle ist generell sehr
hoch. Sie werden nach historischen Bau-
plänen aus Tausenden von Teilen in Hun-
derten von Stunden zusammengesetzt,
trotzdem sind die Preise niedrig; sie be-
ginnen bei 50 Euro, und schon für 300 Euro
bekommt man hervorragende Stücke. Es
stehen Dutzende von historischen Schiffen
zur Auswahl. Gerne bauen die Fabriken
aber auch Schiffe nach Vorlagen der Kunden – ob sich nun um deren private Yacht
handelt oder um ein frühes Expeditions-
schiff. Das umfangreichste Angebot gibt
es in der Fabrik *Historic Marine* (Zone In-
dustrielle de St. Antoine, Goodlands, Mo
bis Fr 9–12 u. 13–17, Sa, So 9–12 Uhr, Tel.
283/93 04, *www.historic-marine.com*).

SCHMUCK

Obwohl auf Mauritius keine Diamanten
gefunden werden, hat sich das Schleifen
eingeführter Edelsteine als ertragreiches
Geschäft erwiesen. Einige Fabriken haben Verkaufsräume, in denen Touristen
für den Export hergestellten Schmuck
zollfrei einkaufen können. Die bekann-
testen Diamantschleifereien und Juweliere sind *Adamas, Caunhye Bijoux* und
Poncini. Alle haben mehrere Filialen in
Hotels und großen Einkaufszentren.

TEXTILIEN

Die Textilfabriken der Insel produzieren
ebenso Massenware wie elegante An-
züge und Kostüme für den Export.
Überschussproduktion und fehlerhafte
Ware landet im Fabrikverkauf: T-Shirts
und Pullover bei der *Knitwear-Boutique*
in Floréal, hochwertige Konfektionsware
bei *Corona Clothing* in Curepipe, Bademode zahlreicher Hersteller im *Ozean
Factory Shop* in Phoenix. Kaschmir und
edle Strickwaren erhält man im *Shibani
Centre* bei Floréal oder in den vielen
Filialen. Die Boutiquen der Gruppe *Tara*
verkaufen hochwertige Pullover und andere Wollartikel zu günstigen Preisen.

> SPAZIERGÄNGE ÜBER UND UNTER WASSER

Kein Teil der Insel ist besser auf Urlauber eingestellt als der Norden. Hier findet man sogar Nachtleben

> Der Norden, auf den Wegweisern der Autobahn tatsächlich „The North" genannt, beginnt dort, wo die Vororte von Port Louis enden. Bereits ein flüchtiger Blick auf die Karte lässt erkennen, dass die Region flach und vergleichsweise spärlich besiedelt ist.

Selbst Städte wie Triolet, Goodlands und Pamplemousses bestehen nur aus einer Hauptstraße mit Geschäften sowie einer Handvoll kleiner Häuser in den Seitengassen. Der Rest dieser Landschaft ist mit Zuckerrohr bepflanzt. Wie mit dem Lineal gezogen führen Landstraßen und Feldwege zwischen den Pflanzungen hindurch. Wer hier zwischen März und September unterwegs ist, fährt kilometerweit durch grüne Stängel und Blätter.

Der Norden ist das touristisch am besten erschlossene Gebiet, denn die Strände und Buchten sind hier besonders schön, die Sonne scheint den ganzen Nachmittag vom Meer her,

Bild: Strand von Trou aux Biches

DER NORDEN

und der Sonnenuntergang über dem Ozean ist nirgendwo schöner. Die Entscheidung, den Fremdenverkehr gerade hier auszuweiten, dürfte vor allem mit dem Wetter zu tun haben. Die Insel ist hier besonders niederschlagsarm. Die Wolken aus Osten und Südosten regnen bereits über dem Hochland ab; und die aus Nordwesten ziehen ungehindert über das flache Land. So müssen hier die Zuckerrohrfelder sogar aufwändig bewässert werden.

Zentrum des Tourismus ist die Ortschaft Grand Baie, die an einer türkisfarbenen Bucht liegt. Yachten und Fischerboote dümpeln in dem natürlichen Hafenbecken. An der Hauptstraße liegt ein Lokal am anderen, in Stichstraßen sind um kleine Plätze Boutiquen und Andenkenläden gruppiert. In den letzten Jahren wurden mehrere Einkaufszentren gebaut, darunter das *Sunset Boulevard* mit schönen Cafés und eleganten Boutiquen.

GRAND BAIE

Den Sonnenuntergang in Grand Baie genießt man am besten am Sunset Boulevard

GRAND BAIE

[116 B–C 2–3] **Grand Baie gilt als die Côte d'Azur von Mauritius. Die Menschen kommen nicht nur zum Faulenzen hierher, sondern, um etwas zu erleben.** Grand Baie hat die beste touristische Infrastruktur aller Ferienorte auf der Insel. Hier ist das Zentrum der mauritischen Gastronomie, und auch das Nachtleben spielt sich hauptsächlich hier ab. Wegen der besonders schönen Bucht ist der Ort auch Zentrum des Segel- und Wasserskisports. Die Läden der Ausstatter liegen direkt am Ufer. Besichtigungen im Ort beschränken sich auf zwei farbenfrohe Hindutempel.

■ ESSEN & TRINKEN ■

Insider Tipp

LE CAPITAINE
Erstklassige Küche mit hervorragenden Meeresfrüchten. Blick auf die Bucht. *Tgl. | Royal Road | Tel. 263/ 68 67 | €€–€€€*

DON CAMILLO ▶▶
In-Restaurant mit Snacks und italienischer Küche. *Tgl., sonn- und feiertags nur abends | Royal Road | Tel. 263/85 40 | €*

PALAIS DE CHINE
Unter den vielen chinesischen Restaurants eins der besten. Auch Jacques Chirac hat hier schon gespeist. Spezialität: Taschenkrebs. *Tgl. (So u. feiertags nur abends) | Royal Road | Tel. 263/71 20 | €€*

LE TANJORE
Indisches Lokal. Gute Küche. Viele Einheimische. Samstags Ségashow. *Tgl. | Royal Road | Tel. 263/60 30 | €€–€€€*

■ EINKAUFEN ■
Die ▶▶ kleinen Boutiquen entlang der Royal Road wenden sich mit ihrer riesigen Auswahl an Strand- und

Freizeitbekleidung in erster Linie an ein jugendliches Publikum.

BAZAR DE GRAND BAIE

Versteckt in den kleinen Gassen auf Höhe des Restaurants La Jonque liegt ein kleiner Markt mit Ständen für Obst, Gemüse, Bekleidung, modische Accessoires. *Tgl. 9–17 Uhr | Racket Road*

GRAND BAIE CENTRE COMMERCIAL

Moderne Geschäfte, ein Internetcafé, eine Apotheke, ein Schlüsselservice und ein Kinderspielplatz gruppieren sich rund um einen gut ausgestatteten Supermarkt.

SUNSET BOULEVARD

Einkaufspassage mit Flair und erstklassigen Geschäften, die überwiegend Bekleidung verkaufen. Schönes Café am Ufer der Bucht. *Royal Road | Mo–Sa 9.30–18 Uhr | So nur tw. geöffnet*

ÜBERNACHTEN

LE CANONNIER

Die lebhafte, schöne Anlage rund um den historischen Leuchtturm (darin befindet sich ein toller Miniclub) liegt auf einer Halbinsel. Drei kleine Strände, großer Pool, breites Sportangebot. *284 Zi. | Pointe aux Canonniers | Tel. 209/70 00 | Fax 263/78 64 | www.beachcomber-hotels.com | €€€*

GRAND BAY TRAVEL TOURS

Gutes Angebot an gepflegten Bungalow- und Appartementanlagen für Selbstverpfleger in Fußnähe zum Strand. *Tel. 265/52 61 | Fax 57 98 | www.gbtt.com | € – €€*

OCEAN VILLAS

Anlage mit Zimmern und Selbstversorgerappartements an einem kleinen Strandabschnitt. Ideal für Familien und Urlauber mit begrenztem Urlaubsbudget; zentrale, ruhige Lage. *25 Bungalows | 6 Zi. | Royal Road | Tel. 263/67 88 | Fax 263/30 55 | www.ocean-villas.com | €*

LE ROYAL PALM

Kein Hotel, sondern eine Lebenseinstellung. Pure Eleganz, geschmackvolle Dekoration, luxuriös bis ins Detail – das exklusivste Haus der Insel. Wunderschöne Bar auf Klippen,

MARCO POLO HIGHLIGHTS

⭐ **Botanischer Garten**
Ein Garten Eden. Man verirrt sich zwischen Palmenwäldern und Seerosenteichen (Seite 36)

⭐ **Inseln im Norden**
Fahrt mit dem Segelschiff zu den großartigen Stränden und Schnorchelrevieren der Inseln im Norden (Seite 34)

⭐ **Shivalah-Tempel**
Der größte Hindutempel der Insel (Seite 42)

⭐ **Tauchen**
Hugue Vitry führt in das Revier der Haie (Seite 43)

⭐ **Le Pescatore**
Wahrscheinlich Mauritius' bestes Restaurant (Seite 42)

neuer Beauty- und Massagebereich. Zimmerpreis: ab 580 Euro. *57 Zi. | 27 Suiten | Tel. 209/83 00 | Fax 263/84 55 | www.beachcomber-hotels.com | €€€*

VERANDA HOTEL

Direkt am Yachtclub, ca. 15 Gehminuten vom Zentrum. Private Atmosphäre. Tauchbasis (Padi-Kurse, Tel. 263/80 16). *62 Zi. | Tel. 263/80 15 | Fax 73 69 | www.veranda-resorts.com | €€*

■ FREIZEIT & SPORT

HORSE RIDING DELIGHTS

Der 750 Hektar große Park Mon Choisy Leisure kann vom Pferd aus erkundet werden. Im Kolonialhaus wird man in die Vergangenheit versetzt. Üppige Vegetation, insbesondere beeindruckende Banyanbäume. Ausritt mit Erfrischungen 1800 Rupien. Gestartet wird um 8 oder 16.30 Uhr, Dauer ca. 1,5 Stunden. *Mon Choisy Sugar Estate | Tel. 265 61 59*

BADEN

Die Bucht von Grand Baie liegt voller Schiffe. Baden kann man nur an den Stränden der Hotels und am kleinen, beliebten Strand *La Cuvette* [116 B2] neben dem Hotel Le Royal Palm. Weite Strände liegen im Norden und im Süden der Stadt, etwa *entlang der Straße nach Péreybère* [116 C2], an der *Pointe aux Canonniers* [116 B2] (10–15 Minuten mit dem Bus) und in Richtung *Trou aux Biches*.

INSELN IM NORDEN ★   [0]

Ein Traum nicht nur für Segler ist die Fahrt auf dem Rennkatamaran „Harris Wilson" zu den Inseln im Norden. Beliebte Ziele sind die *Ile Plat* und die *Ilot Gabriel* mit ihren weißen Stränden und den herrlichen Schnorchelrevieren. Mittags wird ein Barbecue an Bord serviert. *Preis: ca. 3000 Rupien inkl. Speisen und Getränke. Croisières Australes | Tel. 676 36 95*

Unterwasserspaziergänge sind als Sportart sehr beliebt

SEGELAUSFLUG

Tageskreuzfahrten auf dem Windjammer „Isla Mauritia" zu Schnorcheltouren mit Strandpicknick und Ségatanz. *Grand Bay Travel Tours | Royal Road | Mo–Fr 8.45–17.30 Uhr | Tel. 263/47 05*

TAUCHEN   [116 C2]

Zu den Tauchrevieren des Nordens, zum Beispiel *Pointe Vacoas, Aquarium* oder *Flat Island*, organisieren mehrere Tauchstationen Ausflüge. *Mascareignes Plongee | Royal Road | Tel. 269 12 65 | sowie die Tauchschulen der Hotels*

WASSERSPORTZENTRUM

Das *Centre Nautique de Grand Baie (Tel. 263/80 17)* am Sunset Boulevard an der Royal Road bietet so gut wie alle Sportarten rund ums Wasser an, darunter Unterwasserspaziergänge, Wasserski, Tauchen.

AM ABEND

BARS UND LOKALE

Die meisten Bars und Lokale in Grand Baie sind allabendlich gut besucht. Vor allem jugendliches Publikum trifft sich in den Bars und Diskotheken, die bis spät in die Nacht geöffnet sind. Die Cocktaillisten sind gewöhnlich länger als die Speisekarten. Zu den populären Treffpunkten zählen das ▶▶ *Banana Café* sowie die Buddha Bar, in der auch getanzt wird. Beliebt sind die kleine *Bambou Bar* im Ortszentrum und die Bar der *Stardance Diskothek.*

LES ENFANTS TERRIBLE

Bar und Nachtclub, mittelgroße Tanzfläche, große Veranda. Eher

wohlhabende Klientel. Gespielt wird eine bunte Musikmischung mit einer kleinen Präferenz für Musik der 80er-Jahre. *Royal Road | Pointe aux Cannonier*

Exotische Fische gibt es alle Nase lang

ZANZIBAR ▶▶

Kultdiskothek im Ortszentrum von Grand Baie, die in den letzten Jahren nie an Beliebtheit verloren hat und auch in der Nebensaison jeden Abend gut besucht ist. Die Tanzfreaks finden sich im Kellergewölbe ein, wo bis in die frühen Morgenstunden Highlife angesagt ist. Techno, Dance und Diskomusik, gelegentlich Reggae. *Royal Road (neben der Tankstelle) | tgl. ab 22 Uhr | Eintritt frei*

AUSKUNFT

GRAND BAY TRAVEL

Vermittelt Touren über die Insel, informiert aber auch über Ausflugsmöglichkeiten: Selbst Hubschrauberflüge über die Insel kann man hier buchen. *Mo–Fr 9–18 Uhr | Royal Road | im Stadtzentrum | Tel. 263/47 05 | Fax 82 74*

■ ZIEL IN DER UMGEBUNG ■

GOODLANDS [117 D3]

Die typisch mauritische Kleinstadt Goodlands, 9 km östlich von Grand Baie, besteht aus einer überfüllten Hauptgeschäftsstraße, von der Gassen in Wohngebiete abzweigen. Die Läden stellen ihr Sortiment zum Teil auf den Gehsteigen zur Schau; der am Mittwoch und Samstag jeweils vormittags stattfindende Obst- und Gemüsemarkt ist sehr belebt. Er liegt am östlichen Ortsausgang.

Kaum ein Tourist kommt hierher, höchstens um die gegenüber des Markts gelegene Fabrik *Historic Marine* zu besuchen, in der seit 1982 qualitativ sehr hochwertige Schiffsmodelle hergestellt werden. Man kann den Handwerkern bei der Verarbeitung der Materialien zuschauen *(Mo–Fr 9–17 Uhr)*, der Verkaufsraum ist auch samstags geöffnet *(Sa 9–12 Uhr)*. *Historic Marine | Eintritt frei*

Auf den Straßen von Goodlands

PAMPLE-MOUSSES

[116 B5] **Das Provinzstädtchen liegt eine halbe Autostunde nordöstlich von Port Louis. Seine historische Bedeutung zeigt sich darin, dass hier die älteste Kirche der Insel steht.** Heute haben sich Kleinindustrien angesiedelt, außerdem hat der Ort das größte staatliche Krankenhaus. Das Stadtbild wird diesen Superlativen nicht gerecht. Die Hauptstraßen bieten die übliche Kette von Läden, Bars und Schnellküchen. Gäbe es nicht den botanischen Garten, wäre Pamplemousses kaum der Rede wert.

■ SEHENSWERTES ■

BOTANISCHER GARTEN ⭐

Dass aus seinem Gemüsegarten eines Tages ein königlicher botanischer Garten und die Hauptsehenswürdigkeit von Mauritius werden sollte, hätte sich Gouverneur Mahé de Labourdonnais 1735 sicher nicht träumen lassen. Pierre Poivre dagegen, Geschäftsmann und Berater des Gouverneurs, der 1770 die Aufsicht über die Anlage übernahm, hatte von Anfang an Großes im Sinn: Er wollte Mauritius zu einer Gewürzinsel machen, das Gewürzmonopol der Holländer brechen und die ganze Welt mit den Waren aus seinem Garten beliefern. Auch Orchideen und Zierpflanzen züchtete er nur, um sie zu exportieren.

Heute dient der Park der Erholung und der Bildung. Obwohl nur wenige Quadratkilometer groß, fehlt kaum eine Pflanze, die in tropischen Gebieten gedeiht. Es empfiehlt sich, einen der vielen Führer anzuheuern, die

Die riesigen Blätter der Victoria amazonica im botanischen Garten von Pamplemousses

Wissenswertes und Amüsantes über die Pflanzen und deren Nutzen erzählen können. (Die einstündige Führung kostet ca. 50 Rupien pro Person.) Es gibt ein Gehege mit Riesenschildkröten, eine alte Zuckermühle, das Schloss „Mon Plaisir", eine Kolonialvilla aus dem Jahr 1777 und das schmiedeeiserne Eingangstor,

das auf der Weltausstellung im Kristallpalast von London 1862 mit einem ersten Preis ausgezeichnet wurde. An Wochenenden kommen viele Einheimische zum Picknick. *Tgl. 8.30–17.30 Uhr | Eintritt geplant*

KIRCHE ST. FRANÇOIS D'ASSISE
Das erste Gotteshaus, das auf Mauritius errichtet wurde. Die Kirche mit der schlichten Fassade und dem beeindruckenden Gebälk im Längsschiff wurde 1756 gebaut, noch ehe der Ort gegründet war. Das Pfarrhaus aus dem Jahr 1737 gilt als das älteste Gebäude der Insel.

L'AVENTURE DU SUCRE
Insider Tipp

Schautafeln, Exponate und interaktive Darstellungen informieren über die Geschichte des Zuckers, die Landwirtschaft der Insel sowie die Herstellung der süßen Substanz und ihres „Abfallprodukts" Rum. Empfehlenswert ist auch das Restaurant der Anlage. *Beau Plan (300 m vom botanischen Garten entfernt) | Mo–Sa 9–17 Uhr | Eintritt 300 Rupien (Kinder 150) | Tel. 243 06 60 | www.adventuredusucre.com*

■ ESSEN & TRINKEN ■
LE PLAISIR DE POIVRE
Gegenüber dem botanischen Garten gelegenes Restaurant mit zur Straße hin offenem Speiseraum. Kreolische und europäische Küche. *Tgl. (nur mittags) | Royal Road | Tel. 243/85 29 | €€ – €€€*

CAFÉ WIENER WALZER (VALSE DE VIENNE)
Insider Tipp

Im Gartencafé Wiener Walzer kann man bei einem Stück Sachertorte oder Schwarzwälder Kirschtorte Heimwehgefühle kurieren. Außerdem gibt es kleine Gerichte. *Tgl. | Powder Mill Road | hinter der Kirche | Tel. 243/05 60 | € – €€*

■ EINKAUFEN ■

MARITIME MODELS CO. LTD.
In dieser Modellbaufirma können Sie bei der Herstellung von Segelschiffmodellen zuschauen. *(Royal Road, hinter dem Botanischen Garten).* Im Commercial Centre von Pamplemousse hat die Fabrik einen Laden *(Tel. 243/93 47).*

>LOW BUDGET

> Samstagsbrunch im Café Müller: Sehr gut brunchen können Sie in Marens Gartencafé für nur 250 Rupien. Eine Reservierung ist erforderlich. Zwischen 10 und 14 Uhr. Royal Road | Grand Baie | Tel. 263 52 30

> Ausflug mit dem öffentlichen Bus: Fahrten mit den öffentlichen Bussen kosten nur ein paar Rupien. Weil die Busse teils weite Strecken bedienen, kann man daraus auch seine eigene Sightseeingtour gestalten. Nennen Sie dem Kontrolleur Ihr Fahrtziel, und halten Sie Kleingeld bereit. Mit mitreisenden Mauritiern kommt man leicht ins Gespräch. Morgens und abends sind die Busse meistens sehr voll. Einen Fahrplan gibt es nicht, Busse halten auf Handzeichen hin auch entlang der Strecke. Erkundigen Sie sich an der Rezeption Ihres Hotels nach den Linien und ihren Strecken.

PÉREYBÈRE & CAP MALHEUREUX

[116 C2] Der kleine Badeort Péreybère liegt nur wenige Kilometer nördlich von Grand Baie an einer kleinen Bucht mit einem schönen Badestrand. Dort flattern bunte T-Shirts, Badetücher und andere Souvenirs im Wind, daneben bieten kleine Restaurants einen Tisch im Schatten der Filaobäume. Der Ort ist ruhiger als Grand Baie, ein paar kleine, meist einfache Hotels und viele Appartements bieten Zimmer an, die besonders bei Familien, Rucksacktouristen und jungen Leuten beliebt sind.

Einige Kilometer weiter liegt *Cap Malheureux* – das „Unglückskap". Bei klarem Wetter blickt man bis zu den kleinen Inseln *Coin de Mire, Ile Plate* und *Ile Ronde* mit ihren steilen Felsen. Hier ist die Küste rau und karg mit scharfkantigen Felsen. Ob das Kap seinen Namen wegen der verunglückten Schiffe erhielt oder wegen des Siegs der Engländer über die Franzosen, nach dem sie von hier aus bis Port Louis vordrangen, ist nicht geklärt. Privatvillen entlang der Küste versperren den Blick aufs Meer. Nur direkt am ❋ Kap kann man das Panorama genießen, beim kleinen Friedhof und der weißen Holzkirche *Eglise de Cap Malheureux*, die durch ihr leuchtend rotes Ziegeldach auffällt.

■ ESSEN & TRINKEN ■

PALM BEACH CAFÉ
Direkt am herrlichen Strand von Péreybère gelegen. Leichte Kost wie Salate, Crêpes, Sandwiches, aber

auch frischer Fisch vom Grill. Familiär geführt, auch bei Einheimischen sehr beliebt. *Tgl. Plage Publique | Pereybere | Tel. 263 58 21 | €–€€*

LE COIN DE MIRE

Schräg gegenüber der Kirche von Cap Malheureux liegt dieses kleine Restaurant mit guter einheimischer Küche. Im gleichen Gebäude sind 14 Appartements günstig zu mieten. *Tgl. | Tel. 262/80 70 | €*

Holzkirche vom Beginn der Kolonialzeit: Eglise de Cap Malheureux

JULIE'S CLUB

Beliebte Bar mit guter Cocktailauswahl. Gelegentlich gibt es einen Karaokeabend. *Tgl. | Royal Road | Tel. 269/03 20 | €–€€*

RESTAURANT AMIGO

Langusten und Meeresfrüchte in ruhigem Ambiente, trotz der 50 Tische. Es gibt auch mauritische Carigerichte. Originell: Die Wand dient als Gästebuch. Reservierung wird empfohlen. Amigo bietet einen kostenlosen Shuttleservice für Urlauber in der Umgebung an. *Mo–Sa, mittags und abends | Le Pavillon | Cap Malheureux | Tel. 262/84 18 | €€–€€€*

ÜBERNACHTEN

CÔTE D'AZUR

Kleines, mauritisches Hotel direkt im Zentrum von Péreybère gegenüber des öffentlichen Strands. *18 Zi. | Royal Road | Tel. 263/81 65 | Fax 63 53 | €*

KUXVILLE BEACH COTTAGES UND SERENDIP

Bungalowanlage an geschützter Bucht mit herrlichem Blick auf die vorgelagerten Inseln. Kleiner Strand. Ideal für Familien. Die Serendip-

Bungalows liegen jenseits der Küstenstraße. *26 Bungalows | kleine Kiteschule | Cap Malheureux | Tel. 262/79 13 | Fax 74 07 | www.kuxville.de | €–€€*

PARADISE COVE HOTEL

Das wohl romantischste Hotel der Insel. Die Zimmer und Suiten liegen um eine künstlich geschaffene Lagune. Katamaranexkursion, Unter-

◼ FREIZEIT & SPORT ◼

SEGELTOUR AUF DEM KATAMARAN

Insider Tip

Ferien an Bord eines hochmodernen Katamarans. Die erfahrene Crew bietet Segelferien mit Übernachtung an Bord, einschließlich Tauchkurs und Besuch der vorgelagerten Inseln *Coin de Mire* [116 C1], *Ile Plate, Ilot Gabriel* [0] sowie einiger Küstenstädte an. Maßgeschneidertes Pro-

Schönes Wetter, harte Arbeit: Fischer am Cap Malheureux

wassergang, Tiefseefischen – breites, meist kostenloses Aktivitätsprogramm. Gute Küche, ruhige Lage. *64 Zi. | Anse La Raie | Cap Malheureux | Tel. 204/40 00 | Fax 40 40 | www.paradisecovehotel.com | €€€*

gramm, guter Service und Komfort. *Magic Sails, Infos und Preise über Connections (Tourism Management Ltd.) | Tel. 696/99 33 | connect@intnet.mu oder über White Sand Tours Ltd. | Tel. 208/54 24*

POINTE AUX PIMENTS

[116 A4] Mehrere Luxushotels breiten sich entlang der feinsandigen Strände bis zur Bucht von Balaclava an der Küste aus. Vor der Bucht an der Mündung der *Rivière Citron* in der *Baie aux Tortues (Turtle Bay)* liegen wunderbare Schnorchelgebiete. Das Korallenriff unweit des Strands ist leicht erreichbar. Außerhalb der Hotels gibt es kaum Infrastruktur.

■ ESSEN & TRINKEN

SOLEIL COUCHANT

Einfach, aber gut. Curry-Spezialitäten. Auch einfache Zimmer sind zu mieten. *Tgl. | Royal Road | Pointe aux Piments | Tel. 261/67 86 | €*

■ ÜBERNACHTEN

MARITIM HOTEL

Die großzügige Anlage an der Turtle Bay, einem Naturschutzpark, hat einen 9-Loch-Golfkurs (Par 29) und einen Reitstall zu bieten. Das Publikum, vor allem Briten und Deutsche, gehört zur gehobenen Klasse. Gemütliche Bar zwischen Pool und Meer, hervorragendes Feinschmeckerrestaurant. *218 Zi. | Balaclava | Tel. 261/10 00 | Fax 10 20 | www.maritim.de | €€€*

THE OBEROI

Auf dem Gelände dieses Luxushotels verteilen sich elegant eingerichtete Bungalows. Privatsphäre, Exklusivität und perfekter Service gehören dazu. *76 Zi. | Turtle Bay | Tel. 204/36 00 | Fax 36 25 | www.oberoiho tels.com | €€€*

SPICE GARDEN

Kleine Anlage mit landestypischem Charme. Günstiger als die großen Nachbarhotels, heißt sie vor allem Selbstbucher, Familien und junge Paare willkommen. Abends ist es hier eher ruhig. *25 Zi. | Pointe aux Piments | Tel. 261/07 41 o. 249/00 77 | Fax 249/0917 | €–€€*

LE VICTORIA

Moderne, frisch renovierte große Ferienanlage an einem breiten Sandstrand. Buntes Dekor, lebhafte Atmosphäre, Miniclub und großer Pool. Vier gute Restaurants, mehrere Bars, Abendunterhaltung, große Auswahl an Sportarten. *246 Zi. | Tel. 204/20 00 | Fax 261/82 24 | www.beach comber-hotels.com | €€–€€€*

VILLAS MON PLAISIR

Renovierte, familiär geführte Anlage mit angeschlossener Tauchbasis. Guter Ausgangspunkt für Unternehmungslustige. *41 Zimmer | Royal Road | Pointe aux Piments | Tel. 261 79 80 | www.villasmonplaisir.com | €–€€*

■ FREIZEIT & SPORT

MAURITIUS AQUARIUM

Diese kleine Aquarium verschafft einen Einblick in die Unterwasserwelt der Insel – trockenen Fußes. Familien mit Kindern sollten versuchen, zur Fischfütterung um 11 Uhr zu kommen. *Pointe aux Piments | Coastal Road | Mo–Sa 9.30–17 | So 10–15 Uhr | Eintritt 195 Rupien (Kinder 95 Rupien) | www.mauritiusaquarium.com*

YEMAYA ADVENTURES [116–117 C–D6]

Patrick Haberland nimmt Gäste auf dem Mountainbike mit in die Berge

von Nicolière. Belohnung für die sportliche Anstrengung ist die wunderbare Umgebung. Die Preise richten sich nach der Zahl der Teilnehmer. *Tel. 752/00 46* | *www.yemaya adventures.com*

■ ZIELE IN DER UMGEBUNG ■

Insider Tipp LA-NICOLIÈRE-STAUSEE [116 C6]

Im Inselinnern liegt das Trinkwasserreservoir *La Nicolière* nahe der Ortschaft Villebague. Von der ☀Straße, die am See entlang Richtung Nouvelle Découverte führt, hat man eine herrliche Aussicht über den ganzen Norden der Insel bis hin zur Ost- und Westküste. Vielleicht sehen Sie sogar Affen im dichten Gebüsch der *Nicolière Mountains* klettern.

SHIVALAH-TEMPEL ★ [116 B3]

Die größte hinduistische Tempelanlage auf Mauritius liegt am nördlichen Ende der Ortschaft *Triolet.* Mit dem Bau des *Maheswarnath-Tempels,* des Haupttempels der Anlage, wurde 1891 begonnen. Reich mit farbenfroh bemalten Gottheiten verziert. *Shivalah Road*

TROU AUX BICHES

[116 B3] **Wer von Trou aux Biches spricht, denkt weniger an den kleinen Ort als an den lang gestreckten, wunderschönen Strand.** Besonders an Wochenenden ist er Ziel Tausender Ausflügler, vor allem indischer Familien. Am strahlend weißen Sand mag es früher einmal mondän zugegangen sein – verglichen mit den modernen Anlagen jedoch enttäuscht das Ambiente.

■ ESSEN & TRINKEN ■

LA COCOTERAIE

Ein schmuckes Blockhaus beherbergt dieses mauritische Spezialitätenrestaurant unweit des Hotels Coralia Mont Choisy. *Coastal Road | Tgl. | Tel. 265/56 94* | €

LA CRAVACHE D'OR

Fangfrischer Fisch und köstliche Fleischgerichte werden direkt am Ufer serviert. Eleganter Rahmen, gute Weinkarte. *Tgl. | Royal Road | Tel. 265/70 21* | €€€

LE PESCATORE ★ ☀

Man sitzt auf einer Veranda in vornehmem Ambiente, direkt am Bootssteg, und genießt den einzigartigen Blick auf das Meer. Von Einheimischen wird Le Pescatore als das beste Feinschmeckerrestaurant empfohlen. *Tgl. | Route Cotière | Tel. 265/63 37 (Reservierung erforderlich)* | €€€

Die Tempelanlage Shivalah im Örtchen Triolet lohnt einen Besuch

■ ÜBERNACHTEN

CASUARINA HOTEL   [116 B3]

Charmante Anlage im Stil eines mediterranen Dorfs rund um zwei Pools. Zimmer und Appartements, durch die Küstenstraße vom Strand getrennt. *93 Zi. | 15 Bungalows | Trou aux Biches | Tel. 204/50 00 | Fax 265/61 11 | casuarina@intnet.mu | €€*

LE GRAND BLEU   [116 B3]

Einfache Zimmer und Appartements, 50 m vom Strand. Tauchschule in der Nähe, kleines Restaurant, Bar mit Billardtisch. *63 Zi. | Royal Road | Tel. 265/58 12 | €*

TROU AUX BICHES HOTEL ▶▶   [116 B3]

Bungalows unter Palmen, schöner Strand. Junge Leute, aber auch Familien. Tauchzentrum und 9-Loch-Golfplatz (Par 31), Kasino. *197 Zi. | Tel. 204/65 65 | Fax 265/65 30 | www.beachcomber-hotels.com | €€€*

■ FREIZEIT & SPORT

TAUCHEN ★   [116 A4]

Hugue Vitry von der *Blue Water Diving Base* bietet Ausflüge zu alten Wracks und zur Steilklippe *Whale Rock* an, außerdem abenteuerliche Nachttauchgänge oder einen Besuch im *Shark's Pit*, wo sich bis zu 40 Haie tummeln. Ein Tauchgang kostet ca. 40 Euro einschließlich der Ausrüstung. Auch CMAS-Kurse und Verleih von Unterwasserkameras. *Royal Road | Tel. 265/71 86 | Fax 263/69 24*

Insider Tipp

U-BOOT-AUSFLÜGE   [116 A3]

„Blue Safari 600" und „1100" heißen die beiden einzigen U-Boote für touristische Ausflüge im Indischen Ozean. Sie tauchen bis zu 40 m tief zu Riffen und Wracks. *Fahrt ca. 3200 Rupien | Blue Safari Submarine, Trou aux Biches (neben dem Hotel Coralia Mont Choisy) | Tel. 263/33 33 | Fax 33 34*

> KALEISDOSKOP DER GESELLSCHAFT

Die Hauptstadt Port Louis ist geprägt vom Nebeneinander der Völker, Religionen und Kulturen

KARTE IN DER HINTEREN UMSCHLAGKLAPPE

> **Port Louis [119 D–E 1–2], die Hauptstadt, ist das Zentrum der Insel. Hier sitzt die Regierung, hier ist der Hafen, hier gibt es kilometerlange Ladenstraßen und einen großen Markt, hier findet man Museen, Kirchen und Pagoden, Tempel und Moscheen.**

Dennoch wirkt Port Louis (170000 Ew.) wie eine quirlige Kleinstadt. Daran ändern auch die modernen und postmodernen Bürohochhäuser nichts, die seit einigen Jahren das Zentrum beherrschen und deren Silhouetten nun mit der bis zu 823 m hohen Bergkette konkurrieren, die als Halbrund die Stadt umfasst und so ihre Ausdehnung bestimmt: ein paar Kilometer längs, ein paar Kilometer quer. Länger als ein, zwei Stunden dauert ein Rundgang nicht.

Port Louis wurde 1736 von dem französischen Gouverneur Mahé de

Bild: Port Louis bei Nacht

PORT LOUIS

Labourdonnais gegründet. Er ließ ein Netz rechtwinkliger Straßen anlegen, den Hafen erweitern, das Regierungsgebäude und Forts zur Verteidigung der Insel errichten. Seitdem wurde die Stadt oft durch Brände und Naturkatastrophen zerstört, zuletzt in den 90er-Jahren des 19. Jhs. durch einen besonders heftigen Zyklon. Was dennoch an Kolonialarchitektur erhalten blieb, ist häufig renovierungsbedürftig. Nur in der Nähe des Regie-

rungsgebäudes hat man einen kleinen historischen Bezirk restauriert und mit einer Fußgängerzone eingerichtet.

Port Louis ist laut. Tausende von Autos quälen sich durch die engen Gassen, Mopeds knattern, Menschen aller Hautfarben drängen sich auf den viel zu engen Bürgersteigen, auf denen zu allem Überfluss auch noch die Händler ihre Angebote ausbreiten. Tagsüber gleicht Port Louis einem Hexenkessel. Um 18 Uhr schließen die Läden, verschwinden die Menschen. Plötzlich glaubt man sich in einer Geisterstadt.

■ **SEHENSWERTES**

BLUE PENNY MUSEUM [U A2–3]
Ausstellung rund um die Geschichte und Kunst der Insel. Der Seefahrt wird mit Modellen, alten Karten und nautischen Instrumenten ein eigener

ber jeden Samstag Galopprennen veranstaltet. Er ist, nach Ascot, der zweitälteste der Welt. Bis zu 40000 Besucher versammeln sich dann, ein Rummel ohnegleichen.

CHINATOWN [U C–D 1–2]
Viele Häuserreihen stammen aus der Zeit um 1900, und wenngleich die meisten so renovierungsbedürftig sind,

Ein Hauch von Ascot auf der Rennbahn Champ de Mars

Raum gewidmet. Der größte Schatz des Hauses ist die originale Briefmarke ★ „Blaue Mauritius". *Caudan Waterfront | Mo–Sa 10–17 Uhr | Eintritt 150 Rupien*

CHAMP DE MARS ★ [U E–F 5–6]
Die Pferderennbahn Champ de Mars ist die Heimat des *Mauritius Turf Clubs,* der hier von Mai bis Novem-

dass sie kaum noch zu retten sein werden, vermitteln sie doch eine Vorstellung davon, welch glanzvolle Stadt dies einst gewesen sein muss. Im Erdgeschoss der Häuser befinden sich kleine Handwerksbetriebe und Läden.

FORT ADELAIDE ☀ [U E–F 3–4]
Das Fort auf dem etwa 100 m hohen *Petite Montagne* wurde 1834 von

den Engländern gebaut, die Rückeroberungsversuche der Franzosen befürchteten. Architektonisch bietet die Zitadelle wenig. Der Innenhof wird bisweilen als Freilichtbühne genutzt.

FOTOGRAFIEMUSEUM [U C4]

Entstanden aus einer Privatsammlung, gleicht das Museum einem Schatzkästchen voller alter Kameras, Fotos und den Kulissen alter Ateliers. *Am Ende der Fußgängerzone Rue du Vieux Conseil gegenüber dem Theater | Mo–Fr 9–15 Uhr | Eintritt 100 Rupien*

KIRCHEN

Wie eine Trutzburg wirkt die katholische Bischofskirche, die *Kathedrale St. Louis* [U D4] mit ihren schmucklosen, grauen Wänden und den beiden klobigen Türmen, die auch innen eher schlicht ist *(Church Street, am Kathedralenplatz).* Hinter der Kirche liegt die bischöfliche Residenz aus dem 18. Jh., die durch ihre große Veranda und den schönen Garten

auffällt. Bescheidener eingerichtet ist die im Kolonialstil gebaute anglikanische *Kathedrale St. James* an der *Poudrière Street* [U D5].

MOSCHEEN

Im Stadtzentrum gibt es zwei große Moscheen. Diejenige an der Ecke *Ramgoolam Street/Eugène Laurent Street* [U D3] fällt zwar durch ihr hohes Minarett ins Auge, bietet sonst aber nichts Sehenswertes. Die *Jummah-Moschee* [U C–D2] hingegen gleicht mit ihrer orientalisch verspielten Architektur, den vielen Bögen, Säulen und Minaretten einem kleinen Märchenpalast. Sie wurde zwischen 1850 und 1885 errichtet. Filigranes Dekor schmückt die Räume und den Innenhof, in dem ein Mandelbaum wächst, der schon vor dem Bau dort gestanden haben soll. Frauen und nicht muslimische Besucher dürfen nur den Vorhof betreten, von dem aus allerdings ein Blick in die Gebetshalle möglich ist. Auch von Männern wird erwartet, dass Arme und Beine

MARCO POLO HIGHLIGHTS

★ **Champ de Mars**
Samstägliche Jahrmarktstimmung herrscht im Innern der Rennstrecke (Seite 46)

★ **Kalaisson-Tempel**
Die Tempelanlage der Tamilen zeigt die bunte Welt der Hindugottheiten (Seite 55)

★ **„Blaue Mauritius"**
Die berühmteste Briefmarke der Welt zeigt das Blue Penny Museum (Seite 46)

★ **Naturhistorisches Museum**
Fauna, Flora und Geologie der Insel (Seite 48)

★ **Caudan Waterfront**
Moderner Shoppingkomplex mit Kasino (Seite 51)

★ **Zentralmarkt**
Nichts, was es nicht gibt (Seite 49)

★ **Eureka**
Ein Prachtexemplar kreolischer Baukunst als Museum (Seite 55)

bedeckt sind. *Jummah Mosque Street/Royal Street | Sa–Mi 9.30–12 Uhr | nur außerhalb der Gebetszeiten*

NATURHISTORISCHES MUSEUM ⭐ [U B3]

Mit umfangreichem Material werden Flora, Fauna und Geologie der Insel erläutert. Obwohl sehr provinziell hergerichtet, beeindruckt vor allem die Abteilung für Meerestiere. Die spektakulärsten Stücke des Museums sind das <mark>Skelett eines Solitaires,</mark> eines Vogels, der auf der Insel Rodrigues gelebt hat, und die gefiederte Rekonstruktion eines Dodos. Die Bibliothek im ersten Stock gilt als das beste Archiv über die Inselwelt des Indischen Ozeans. *Chaussee Street | Mo, Di, Do, Fr u. Feiertage 9–16, Sa/So 9–12 Uhr | Bibliothek Mo–Sa | Eintritt frei*

Insider Tipp

PAGODEN

Drei große Pagoden stehen im Süden der Stadt, dort, wo die meisten Chinesen wohnen. Die größte ist die *Lam Soon Tin How Pagode* [U F5], direkt an der südöstlichen Seite des Marsfelds, in der *Eugene Laurent Street.* Es ist ein düsteres Haus, beherbergt jedoch einen beeindruckenden Altar mit großen Figuren. Der Tempel *Lim Fad* [0] in der *Volcy Pougnet Street*, auch Rue Madame genannt, sorgt mit seinem hohen Tor und den kräftigen Farben für einen Hauch Peking in der sonst blassen Umgebung. Nur zwei Straßen weiter, in der *Justice Street*, steht am südöstlichen Ende von Port Louis die *Thien Thane Pagode* [0]. Anmutig erhebt sich dieser Turm mit seinen drei geschwungenen Dächern vor den steilen Wänden der Berge. Nur an chine-

Vor dem Regierungsgebäude ist die Statue von Königin Elisabeth zu sehen

sischen Feiertagen herrscht hier ein reges Treiben.

POSTMUSEUM [U B2]

Briefmarken aus der ganzen Welt, Telegrafen- und andere Apparate. *Am Hafen beim Post Office | Mo–Fr 9 bis 16 | Sa 9–11.30 Uhr | Eintritt frei*

REGIERUNGSGEBÄUDE [U C3]

An Prunk haben die französischen Gouverneure nicht gespart, als sie das Haus zwischen 1729 und 1807 um immer neue Stockwerke und Anbauten erweiterten. Kein Gebäude der Insel versinnbildlicht deutlicher die französische Ära. Umso ironischer mutet es an, dass im Hof des U-förmig gebauten Hauses Skulpturen des Gouverneurs Sir William Stevenson und der britischen Königin Viktoria stehen und über den Zaun zur 200 m entfernten Figur von Mahé de Labourdonnais hinüberschauen. Das Haus liegt am Ende der beiden Alleen *Duke of Edinburgh Avenue* und *Queen Elizabeth Avenue.* Es wird kaum noch benutzt. Geschlossen für Besucher.

STADTTHEATER [U C3–4]

Das 1820–22 errichtete Haus mit der hübschen Fassade gilt als das erste Theater der südlichen Hemisphäre. Im 19. Jh. traten hier bekannte Schauspieler und Musiker auf. Seit seiner Renovierung Anfang 1995 gibt es wieder regelmäßig Aufführungen und Veranstaltungen. Mit dem Museum und der Galerie in der Fußgängerzone gegenüber entstand so ein kleines kulturelles Zentrum. *Gillet Square, hinter dem Regierungsgebäude*

ZENTRALMARKT ⭐ [U C2]

Die kulturelle Vielfalt von Mauritius scheint auf dem *Marché Central (Central Market)* bei der verwirrenden Vielfalt exotischer Waren noch einmal gesteigert. Drei der vier Hallen sind Lebensmitteln vorbehalten, die zum Teil liebevoll geputzt und aufgestapelt sind, zum Teil aber auch erschreckend achtlos über die Tische und den Boden geschmissen werden. In der Fisch- und Fleischabteilung liegen blutverschmierte Hammelköpfe neben leuchtend bunten Korallenfischen herum. Die Abteilung für Schweinefleisch muss man, aus Rücksicht gegenüber den Muslimen, durch eine separate Tür betreten. In der vierten Halle werden Textilien, Lederwaren, Kunsthandwerk und Souvenirs angeboten.

Die Markthallen wurden um 1840 errichtet, doch durch Brände mehrmals zerstört, zuletzt 1981. Trotzdem bieten die restaurierten Fassaden, die kopfsteingepflasterten Gassen und die prunkvollen schmiedeeisernen Pforten ein nostalgisches Bild. Bis zu 40 000 Menschen besuchen den Markt jeden Tag. *Gegenüber der Post zwischen der Schnellstraße (Motor-*

CARRI POULÉ [U B3]

Einfallslose Eleganz, aber gute kreolische Küche. Spezialitäten: Currys aus dem Wok. *Nur mittags | So Ruhetag | Duke of Edinburgh Avenue | Tel. 212/12 95 | €€ – €€€*

CAUDAN WATERFRONT [U A2–3]

In dem Einkaufszentrum am Hafen finden sich neben Boutiquen und

Marché Central: Marktfrauen warten auf Kundschaft

way) und der Queen Street | Mo–Sa 6–18, So 6–12 Uhr | die meisten Stände öffnen jedoch erst um 8 Uhr

■ ESSEN & TRINKEN ■
LE CAFÉ DU VIEUX CONSEIL ▶▶ [U C4]

Eine kleine Oase zum Einkehren. Salate, Crêpes, kreolisches Menü. *Sa/ So Ruhetag | Rue du Vieux Conseil | Mo–Sa 9–16 Uhr | Tel. 211 03 93 | €€*

Juwelieren zahlreiche Fastfoodlokale sowie Pubs und einige Spezialitätenrestaurants. Der *Food Court* mit indischen, chinesischen und kreolischen Angeboten ist um eine gemeinsame Sonnenterrasse gruppiert. Er schließt mit den Läden gegen 17.30 Uhr. Die Restaurants und Bars hingegen haben bis in die frühen Morgenstunden geöffnet.

> *www.marcopolo.de/mauritius*

LABOURDONNAIS HOTEL [U A2]

Zwei hervorragende Restaurants. Fast rituell beginnt in der Bar bei der **Happy Hour** (Fr 17–21 Uhr) für die wohlhabenderen Mauritier das Wochenende. *Tgl. | Caudan Waterfront | Tel. 202/40 00 | €€€*

INDRA RESTAURANT [119 D2]

Ein Hauch von Tausendundeiner Nacht mit Sitzkissen auf dem Boden und Springbrunnen. Das Restaurant bietet indische Küche vom Feinsten. *Tgl. | Reservierung empfohlen | Domaine les Pailles | Tel. 286/42 25 | €€€*

SHEZAN [U D4]

Pakistanische Küche wird hinter der St. Louis Cathedral serviert. Mal etwas anderes, auch für den kleineren Geldbeutel. *Nur mittags | Sa/So Ruhetag | Ecke Gonnin/Geoffroy Street | Tel. 210/25 25 | €*

ESCALE CREOLE [U C2]

Mittagstisch im Garten einer kreolischen Familie. Die beste authentische Hausmannskost, die Mauritius zu bieten hat, mit charmantem Service. Mo–Mi Mittagstisch, weitere Tage auf Anfrage, Reservierung erforderlich, *Royal Road | Moka | Tel. 422 23 32 | www.escalecreole. net | €€*

■ EINKAUFEN ■

EINKAUFSZENTREN

In den Einkaufszentren am Hafen – ★ *Caudan Waterfront* [U A2–3] und *Port Louis Waterfront* [U B2] – sind in der verspielten Architektur zwischen Kolonialstil und Postmoderne viele Geschäfte, ein Kasino, mehrere Ki-nos, ein Hotel sowie Restaurants und Straßencafés untergebracht. Alle führenden Designer von Mode- und Freizeitkleidung der Insel haben hier ihre eigene Boutique. *Mo–Fr 9.30–17.30, Sa 9.30–19, So 9.30–12 Uhr*

GESUNDHEITSTEES

Kein Zipperlein, gegen das nicht ein Kraut gewachsen ist, lautet das Motto der beiden Kräuterhändler auf dem Zentralmarkt [U C2], die seit

>LOW BUDGET

> Konzerte namhafter mauritischer und zum Teil internationaler Künstler sind auf Mauritius erschwinglich, für Mauritier werden sogar hin und wieder kostenlose Auftritte organisiert, z. B. in Port Louis auf der Zitadelle. Das aktuelle Programm und die Vorverkaufsstellen können unter *www.otayo.com* eingesehen werden. Geöffnet Mo–Sa 9.30 bis 17.30 Uhr.

> Um die Mittagszeit bieten fliegende Händler den in Port Louis arbeitenden Mauritiern Snacks an (Roti, Gateaux Piments, gefüllte Brote, Suppen) Eine besonders gute Auswahl gibt es in Marktnähe, rund um die Busbahnhöfe, vor dem Natural Historie Museum.

> Mikado Shell Museum mit mehr als dreitausend Muscheln. 1972 gegründet und durch den Erwerb einer privaten Kollektion bereichert. Im ersten Stock von Mikado (Schmuck- und Uhrengeschäft), unweit des Zentralmarkts. 6, Sir William Newton Street, Eintritt frei. Mo–Fr 9–17 Uhr, Sa 9–13 Uhr | Tel. 208 19 00

nunmehr fast 50 Jahren nicht nur Teemischungen gegen Gastritis und Asthma, Zellulitis und Hämorrhoiden zubereiten, sondern aus ihren Stapeln von raschelndem Laub und verdorrten Früchten auch ein Aphrodisiakum zaubern. Stolz zeigen die Händler Bestellungen aus aller Welt und die Briefe ihrer genesenen Kunden. *K. G. Naiken, Stand Nr. 460. N. Mootoosamy, Stand Nr. 2 und 3. Die Stände liegen in der Halle für Obst und Gemüse direkt am Eingang zum Hafen*

SCHMUCK

Markenuhren, Diamant- und Goldschmuck werden zu günstigen Preisen bei *Poncini* angeboten. Um die Artikel zollfrei zu kaufen, müssen Sie Ihren Reisepass sowie Ihr Flugticket vorlegen und in einer westlichen Währung (oder mit Kreditkarte) zahlen. Die gekaufte Ware wird Ihnen dann vor dem Abflug am Flughafen ausgehändigt. *Mo–Fr 8.30–16.15, Sa 8.30–12 Uhr | Jules Koenig Street | gegenüber vom Stadttheater* **[U C4]** *und Caudan Waterfront* **[U A2]**

ÜBERNACHTEN

BOURBON TOURIST HOTEL [U D2]

Einfaches, sauberes Hotel mit verstecktem Eingang im Herzen der Chinatown. Zimmer unterschiedlicher Größe und Ausstattung, kleines Restaurant. *16 Zi. | 36, Jummah Mosquee Street | Tel. 240/44 07 | Fax 242/20 87 | €*

LABOURDONNAIS WATERFRONT HOTEL [U A2]

Elegantes Businesshotel, direkt am Hafen gelegen, mitten im Caudan-Einkaufskomplex. Zimmer ab 300 Euro. *108 Zi. | Caudan Waterfront | Tel. 202/40 00 | Fax 40 40 | www.labourdonnais.com | €€€*

LE SAINT GEORGES HOTEL [U B4]

Das Stadthotel ist im postmodernen AAA Tower untergebracht. *59 Zi. |*

Fantasievoll gestaltet – das Einkaufszentrum Caudan Waterfront

19, Rue Saint Georges | Tel. 211/ 25 81 | Fax 08 85 | www.blue-season-hotels.com | €€

▮AM ABEND▮

Sieht man von der Caudan Waterfront ab, ist Port Louis nach Ladenschluss wie ausgestorben. Mit Ausnahme des 1997 eröffneten Einkaufszentrums *Caudan Waterfront* am Hafen. In einer Mischung aus altem Hafenviertel und modernem Dienstleistungszentrum entstand hier ein Vergnügungsort, den bisher eher Einheimische als Touristen nutzen. Auf dem verschachtelten Gelände mit Arkaden, Plätzen und einer Promenade gibt es Bars, Restaurants und Kinos – ein Ort auch zum Flanieren.

KASINO [U A2]

Das Kasino im *Caudan-Waterfront-Komplex* betritt man durch den Bug eines aufwändig gestalteten Piratenschiffs. Auch innen hat man sich Mühe gegeben, das Seeräuberthema stilistisch beizubehalten. Im Parterre *(tgl. 10–4 Uhr)* reihen sich einarmige Banditen aneinander. Im ersten Stock *(tgl. 8–4 Uhr)* werden Roulette, Black Jack und Poker gespielt.

KINOS

Im Zentrum von Port Louis gibt es noch zwei alte Filmtheater, die sich vor allem mit indischen Produktionen an das einheimische Publikum wenden – für Urlauber also eher als Kuriosum einen Besuch wert.

In den Kinos *Luna Park* [U B3] | *President John F. Kennedy Street (Eintritt ca. 100 Rupien | Balkon 60 Rupien),* und *Cine City-Majestic* [U C4] | *Poudrière Street (Eintritt 125*

Eingang zum Kasino in Port Louis

Rupien), sind die Leinwände riesig, wodurch die Wirkung der gefühlsüberladenen indischen Melodramen noch einmal kräftig gesteigert wird. Bequemer ist es in den Kinos am *Caudan-Waterfront-Komplex* [U A2], wo aktuelle internationale Filme in französischer Fassung gezeigt werden *(Eintritt 150 Rupien).*

▮AUSKUNFT▮

**OFFICE DU TOURISME
DE L'ILE MAURICE** [U B2]
Port Louis Waterfront | Information Counter | Tel. 208/63 97 | Fax 212/ 51 42 | www.mauritius.net

▮ZIELE IN DER UMGEBUNG▮

CHAPELLE SAINTE CROIX [119 E1]
Wallfahrtsort. Père Laval kam 1841 als Missionar nach Mauritius, setzte sich vor allem für die schwarze Be-

völkerung ein und stand den Leprakranken bei. Schon zu Lebzeiten wurde er verehrt; nach seinem Tod am 9. September 1864 soll es an seinem Grab zu Wunderheilungen gekommen sein, weshalb es auch heute noch von vielen Behinderten besucht wird. Am 29. April 1979 wurde er von Papst Johannes Paul II. seliggesprochen. Besonders an seinem Todestag pilgern so viele Gläubige zu der kleinen Kapelle mit dem gläsernen Sarg, dass die Anlage um eine große, moderne Kirche und einen riesigen Vorplatz erweitert wurde. Es gibt eine Ausstellung über das Leben des „Apostels der Schwarzen", und es werden Souvenirs verkauft. *Am nördlichen Ortsausgang von Port Louis auf der Route de Pamplemousses bis zum Schild „City Boundary", dort Richtung Berge in die Avenue Père Laval einbiegen. Kirche tgl. 6.30–18 | Ausstellung und Laden tgl. 8.30–12 u. 13–16.45, So und Feiertage 10–12 u. 13–16.15 Uhr | Eintritt frei*

DOMAINE LES PAILLES [119 D2]

Anlage im Stil einer Plantage, als Ausflugsziel konzipiert, in dem das vorige Jahrhundert auflebt. Sogar eine alte Lokomotive fährt durch das Gelände. In dem Nachbau einer Zuckermühle aus dem 18. Jh., die von einem Ochsen angetrieben wird, und in einer rekonstruierten Rumdestillerie zeigt das Personal in historischen Kostümen die Produktionsschritte vom Zuckerrohr zum Zucker – und zum Nebenprodukt Rum. Neben Kutschfahrten und Ausritten wird Quadbiking (vierrädrige Motorräder) angeboten.

Auf dem Gelände gibt es eine Boutique, einen Andenkenladen, einige Lokale, darunter eines der Spitzenrestaurants der Insel, ein Kasino und ein Kongresszentrum. *Die Domaine les Pailles liegt am südlichen Stadtausgang in Autobahnnähe | kompletter Tagesbesuch 1300 Rupien. Weitere Touren und Führungen auf Anfrage | Tel. 286/42 25 | www.domainelespailles.net*

> GEBIRGSWANDERUNGEN
Die Berge bei Port Louis sind leicht zu erklimmen

Von weitem wirken die Berggipfel [117 E1–2] rund um Port Louis geradezu spektakulär. Die meisten Gipfel sind jedoch über relativ leichte Wanderwege zu erreichen, bei manchen allerdings, etwa dem *Pieter Booth*, muss man auch klettern. Bequem ist der Aufstieg auf den 811 m hohen *Le Pouce*; auf Grund der verhältnismäßig großen Höhendifferenz sollte man sich gut einen halben Tag dafür Zeit nehmen. Der Weg beginnt bei der Kapelle St. Anne nahe der Pferderennbahn und führt durch das Vallée du Pouce, von dort aus ist der Pfad deutlich zu erkennen. Einem Spaziergang gleicht die Wanderung auf den 306 m hohen *Priest's Peak*. Der Fußweg beginnt nahe der Kreuzung der Route Militaire und der Route de Pamplemousses. Bis zum Gipfel braucht man für den Aufstieg etwa eine Stunde.

EUREKA ⭐ [119 D3]

Die Kolonialvilla, 6 km von St. Louis' südlichem Ortsrand, wurde 1836 erbaut, 1856 erweitert und ist bis heute wunderschön erhalten. Eingerichtet mit Möbeln aus dem 19. Jh., geben im Erdgeschoss acht Zimmer und ein Bad einen Eindruck vom damaligen herrschaftlichen Leben. In einem Raum sind Fotografien von Port Louis aus dieser Zeit ausgestellt, im Obergeschoss sind eine Galerie sowie ein Souvenirladen untergebracht.

An der langen Tafel des alten Speisesaals werden für Gruppen ab 15 Personen Diners ausgerichtet *(nach Absprache | pro Person ab 1800 Rupien)*, auf der Veranda gibt es mittags *kreolische Menüs (ca. 660 Rupien). Moka | Montagne Ory (der Weg ist von der Autobahn aus ausgeschildert). Tgl. 9–17 Uhr | Eintritt Museum 175 Rupien | Eintritt Gelände | Wasserfall und Haus 300 Rupien | Tel. 433/84 77 | www.maison eureka.com*

KALAISSON-TEMPEL ⭐ [119 E1]

Die große, farbenfrohe Tempelanlage der südindischen Tamilen im Stadtteil Abercrombie (unweit der Kapelle Sainte Croix) ermöglicht Einblicke in die faszinierende Götterwelt der Hindus. Ein hoher, figurengeschmückter *gopuram* (Turm) schmückt die Haupthalle, in der überlebensgroße Götterstatuen mit mehreren Armen oder Gesichtern die Besucher oftmals grimmig anstarren. Vor der Besichtigung müssen Sie die Schuhe am Tor abstellen; die Anlage darf nur barfuß betreten werden. Fotografieren ist erlaubt. Wenn man

Statue im tamilischen Kalaisson-Tempel

der Route de Pamplemousses durch Abercrombie in nördlicher Richtung folgt, bemerkt man rechter Hand eine beigefarbene Tempelanlage, einige hundert Meter danach heben sich auf der rechten Seite die leuchtenden Farben des Kalaisson-Tempels gut sichtbar von der Bergkulisse der Montagne Longue ab. *Tgl. 8–18 Uhr | Eintritt frei*

> AM ENDE DER WELT

Der Osten ist weniger erschlossen und auch ärmer
als der Rest der Insel

> *Pointe Quatre Cocos* heißt der östlichste Punkt der Insel, er gilt bei den Einheimischen als das Ende der Welt. Sie benutzen den Namen sogar in einer Redensart, wenn sie auf die Einfältigkeit einer Person hinweisen wollen: „Il vient de Quatre Cocos" – „Er kommt von Quatre Cocos."

Es ist eine ärmliche Gegend, in der die Bewohner vom Fischfang und von der Landwirtschaft leben, vor allem vom Zuckerrohranbau, dessen Geschichte hier bis in die Zeit der Holländer zurückreicht. Diese ersten Siedler hatten sich in dem hügellosen Flachland – „Flacq" – niedergelassen und schon früh Felder angelegt. Doch obwohl noch heute die größte Zuckerfabrik der Insel im Osten steht, bringt die Monokultur den wenigsten Bewohnern ein sorgloses Leben. Wenn Frauen hier in den Bächen ihre Wäsche waschen und zum Trocknen über Büsche hängen, mag die Szenerie den vorbeifahrenden Ur-

Bild: Ile aux Cerfs

DER
OSTEN

laubern wie ein Idyll erscheinen, ist aber letztlich nur Ausdruck eines Mangels. Die Dörfer des Ostens sind klein und unscheinbar, die wenigen Städte bieten ein eher trostloses Bild. Die Menschen sind traditionsbewusst. Anders als an der Westküste, wo längst europäische Mode das Straßenbild bestimmt, tragen viele Frauen hier einen Sari, immer in leuchtenden Farben und oft aus wertvollen Materialien.

Dass der Osten eine eigene Welt ist, spürt man auch am Wetter. Immer weht eine leichte Brise über das Land und den Küstensaum, was das Meer hier zu einem Dorado für Windsurfer und Segler macht. Die Region wird von der Bergkette *Montagne Bambous* durchzogen, einer dicht bewachsenen Wildnis, die im Osten bis ans Meer reicht. Die Straße folgt hier dem kurvigen Verlauf der steinigen Küste. An der Südküste gibt es keine

Badestrände, da hier der Riffgürtel um Mauritius unterbrochen ist.

Der Osten wird touristisch immer mehr erschlossen. An den Stränden entstanden große Luxushotels, an den Wochenenden aber kommen

Früher die Musik der Sklaven, heute mauritisches Kulturgut: die Séga

immer noch Einheimische hierher. Dann herrscht reger Trubel, es werden Picknickkörbe ausgepackt, und es erklingen Séga und Reggae aus dem Ghettoblaster.

BELLE MARE

[121 E3] **Seinen Namen hat der winzige Ort vom Wasser erhalten, das hier außergewöhnlich schimmert.** Von der Landstraße aus gibt es immer wieder kleine Abzweigungen durch den Filao-Hain zu kleinen Badebuchten. An Wochenenden herrscht dort volksfestartige Stimmung, etwa an der *Plage de Palmar.*

■ ESSEN & TRINKEN ■

SYMON'S RESTAURANT

An der Küstenstraße, offene Veranda. Spezialitäten: Meeresfrüchte und kreolische Gerichte. *Tgl. | Pointe de Flacq | Tel. 415/11 35 | €*

■ ÜBERNACHTEN ■

AMBRE HOTEL

Großes Ferienhotel mit umfangreichem Sportangebot am Strand von Palmar [121 F3]. Große Poolanlage, familiäres Ambiente. Viele italienische Gäste. *246 Zi. | Tel. 401/80 00 | Fax 415/15 94 | www.apavou-hotels. com | €€*

BELLE MARE PLAGE

Legere Eleganz, Luxusvillen mit Butlerservice. Die hauseigenen Golfplätze „Links" und „Legend" sind eine Herausforderung – auch für Könner (18 Loch, Par 72). *213 Zi. | Tel. 415/15 01 | Fax 19 93 | www.belle mareplagehotel.com | €€€*

EMERAUDE HOTEL

Ein einfaches Haus, aber fein, nur durch eine schmale Straße vom herrlichen Strand und der Lagune getrennt, zwei Swimmingpools. *60 Zi. | Tel. 415/11 07 | Fax 11 09 | €€*

LE SAINT GÉRAN

Das gepflegte Traditionshaus zählt zu den besten Strandhotels der Welt. Zu den Besonderheiten gehören das Restaurant *Spoon des Iles* des Pariser Starkochs Alain Ducasse, ein ultramodernes Fitnesszentrum, ein eigenes Kasino und ein 9-Loch-Golfplatz. Zimmer ab 400 Euro. *175 Zi. | Tel. 401/16 88 | Fax 16 68 | www. oneandonlysaintgeran.com | €€€*

CENTRE DE FLACQ & POSTE DE FLACQ

[121 D2–3] „Flacq" leitet sich von dem holländischen „Vlak", flaches Land, ab. Es gibt zwei Orte mit dem Namen: ein kleines Provinzstädtchen im Landesinneren und, 5,5 km nordöstlich, das Dorf Poste de Flacq. Hier liegt der ❋ Hindutempel *Sagar Shir Mandir*, der schon wegen seiner Lage sehenswert ist: auf einer winzigen Landzunge.

Centre de Flacq ist eine typisch mauritische Kleinstadt, hauptsächlich von Indern bewohnt. Die Hauptstraße heißt zu Recht *Market Road;* weit und breit nur Läden und Stände. Sonntags erreicht das quirlige Treiben seinen Höhepunkt; dann findet um den District Court herum der interessante Markt statt. Das Angebot besteht aus Kleidungsstücken, Stoffen, Obst und Gemüse.

Insider Tipp

Nach vorheriger Anmeldung ist zwischen Juni und November eine Besichtigung der *Zuckerfabrik F.U.E.L. (Tel. 402/33 00)* möglich. Für viele Besucher eine Überraschung: Die Zuckerfabrik erzeugt ein Viertel des Strombedarfs der Insel. Dazu wird das Abfallprodukt *bagasse,* das nach dem Pressen des Zuckerrohrs übrig bleibt, verbrannt. Außerdem dient dieses Material zur Düngung der Felder.

■ ESSEN & TRINKEN

CHEZ MANUEL

Insider Tipp

Abseits gelegenes Chinarestaurant. Spezialitäten: süßsaurer Fisch mit Ingwer und Schwein in Honig. *8 km südwestlich von Centre de Flacq in St. Julien | So Ruhetag | St. Julien Village | Royal Road | Union Flacq | Tel. 418/35 99 | €€*

■ ÜBERNACHTEN

LA MAISON D'ÉTÉ

Hübsche Bungalowanlage abseits der Ortschaften und großen Hotels. Für Selbstversorger, mit kleinem Restaurant, Pool und Bootshaus.

MARCO POLO HIGHLIGHTS

⭐ **Le Val**
Kleiner Naturpark mit Gewächshäusern und einem Zoo (Seite 64)

⭐ **Ile aux Cerfs**
Mauritius' schönster Strand auf einer Badeinsel (Seite 65)

⭐ **Domaine du Chasseur**
Revier für Jäger und Naturfreunde, aber auch für Gourmets und Liebhaber von Wildbret (Seite 63)

⭐ **Ausflugsfahrt**
Eine Tropenwelt zwischen den Bergzügen Montagne Fayence und Montagne Blanche (Seite 60)

MAHÉBOURG

20 Bungalows, ca. *10 km nördlich von Poste de Flacq an der Küste | Tel./Fax 410/50 39 | www.lamaison dete.com | €–€€*

LE PRINCE MAURICE
Eines der drei Tophotels der Insel. Eingebettet in die Bucht von Pointe

■ ZIELE IN DER UMGEBUNG ■
BEL AIR [121 E4]
Der kleine Ort, 8 km südlich von Centre de Flacq, bildet den Ausgangspunkt für eine reizvolle ⭐ Ausflugsfahrt zwischen den 🌿 Hügelketten der *Montagne Blanche* (532 m) und der *Montagne Fayence* (433 m)

Postkartenidyll: Das Hotel Prince Maurice liegt wie gemalt in einer Bucht

d'Esny, wirkt die Anlage durch die natürlichen, wertvollen Materialien und die dezenten Farben wie der Landschaft entwachsen. Eher beiläufig begreift man, wie verschwenderisch hier zu Werk gegangen wurde. Die Bäder sind so groß wie die Zimmer, viele Suiten haben ihren eigenen Pool. Zwei ausgezeichnete À-la-carte-Restaurants, Bibliothek, Fitnesszentrum. Berechtigung zum Golfspielen auf einem Platz des Hotels Belle Mare Plage. Zimmerpreis: ab 400 Euro. *89 Suiten | Tel. 413/91 00 | Fax 91 29 | www.prince maurice.com | €€€*

nach *Camp de Masque* [120 C4]. Einzige Sehenswürdigkeit in Bel Air ist der farbenprächtige Tempel *Siva Soopramaniarkovil* am westlichen Ortsausgang mitten im Zuckerrohrfeld. Während der Weiterfahrt nach Clemencia überbietet sich die Natur: Bananenstauden, Hibiskus, Palmen, Eukalyptus, Blumen in allen Farben.

MAHÉBOURG
[125 D3] **Einst war Mahébourg die zweitbedeutendste Stadt der Insel, heute ist es ein verschlafenes Provinzstädtchen mit nicht ganz 20 000 Ew.** Als im 19. Jh.

eine Malariaepidemie ausbrach, flüchteten die Überlebenden in die höher gelegenen Gebiete und ließen sich dort nieder. Zentraler Punkt ist der Busbahnhof. Von hier aus erreicht man die Einkaufsstraße *Rue Flamant* ebenso schnell wie die Parkanlage entlang der Bucht, in der 1810 die wichtigste Seeschlacht vor Mauritius entschieden wurde.

■ SEHENSWERTES

KATHEDRALE

Notre Dame, im Stil der englischen Neogotik 1849 erbaut, ist wegen der imponierenden Deckenkonstruktion mit zwanzig individuell geschnitzten Engeln sehenswert. Die Tür zum ❂ Turm steht bisweilen offen.

NATIONAL HISTORY MUSEUM

Marinemuseum in einem Herrenhaus aus dem 18. Jh. Die Ausstellungsstücke dokumentieren hauptsächlich den Seekrieg zwischen Frankreich und England. Wrackteile aus der Schlacht von 1810, ein Modell der „St. Géran" und des Zugs, der von 1864 bis 1926 auf der Insel verkehrte, sind die Attraktionen. Außerdem: Kolonialmöbel und Kanonen. Im Garten einige Werkstätten von Kunsthandwerkern. *Royal Road | Mo, Mi–Sa 9–16, So 9–12 Uhr | Eintritt frei*

PARK

Promenade mit Picknickgelegenheiten und einer Reihe von Denkmälern. Ein unscheinbarer Obelisk erinnert an Schiffbrüchige aus dem Jahr 1874, ein größerer an die englischen und französischen Soldaten, die 1810 bei der Schlacht vor der Ile de la Passe gefallen sind. Ausgefallener ist die knapp 6 m hohe Buddha-Figur *Statue of Harmony. Direkt an der Bucht von Mahébourg*

TEMPEL

Der Tamilentempel *Shri Vinayaour Seedalamen,* 1856 erbaut, steht direkt an der Hauptstraße. Die Anlage besteht aus mehreren großen und kleinen Tempeln. *Tgl. 6–12 und 15.30–18 Uhr*

■ ESSEN & TRINKEN

LA VIEILLE ROUGE

Bei Einheimischen beliebtes Restaurant, vor allem wegen Fisch und Meeresfrüchten. Fragen Sie nach dem Fang des Tages! *Tgl. mittags und abends | Angle Colonie et Souffleur (in Kirchnähe) | Tel. 61 39 80 | €*

LE JARDIN CRÉOLE

Hübsches, kreolisches Gartenrestaurant an der Straße nach Blue

>LOW BUDGET

▶ Die Ostküste ist besonders gut mit dem Fahrrad zu erkunden. Die Küstenstraße führt zu zahlreichen Buchten mit herrlichen Stränden. Besonders die Nordostspitze ist unberührt. Die meisten Hotels bieten kostenlos Fahrräder an. Die größeren Häuser organisieren geführte Radtouren.

▶ Finden Sie fünf Gleichgesinnte für die Tour mit Blick in die Unterwasserwelt der Blue Baie samt Schnorchelstopp. Dann können Sie am Anlegesteg den Preis pro Person von 600 Rupien auf 200 herunterhandeln.

Bay. Reichhaltige Speisekarte. *Tgl.* | *Pointe d'Esny* | *Tel. 631/58 01* | €–€€

LE JARDIN DE BEAU VALLON

Mauritische Spezialitäten, serviert im bezaubernden Ambiente eines Kolonialhauses am Rande der Zuckerrohrfelder. *Tgl. 9–22 Uhr* | *Beau Vallon (vom Flughafen kommend vor Erreichen Mahebours rechts der Straße)* | *Tel. 631 28 50* | €€

LES COMPAINS D'ABORD

Schönes Restaurant direkt am Meer. Spezialitäten: Meeresfrüchte und Wild. *Tgl.* | *Rue Shivanada* | *Tel. 631/97 28* | €€

■ EINKAUFEN ■

Jeden Montag findet ein bunter *Wochenmarkt* entlang der *Rue Hollandaise* statt. Das Angebot richtet sich hauptsächlich an Einheimische, was einen Besuch des Markts besonders attraktiv macht.

■ ÜBERNACHTEN ■

AUBERGE AQUARELLA

Charmante Familienpension direkt am Meer mit sauberen Zimmern. Gutes Restaurant mit wenigen Tischen und einer sonnigen Terrasse. Der nächste Strand liegt einige Kilometer weiter an der Blue Bay. *10 Zi.* | *Sivananda Road* | *Tel. 631/27 67* | €

LE BARACHOIS

Haus mit 16 Zimmern für Individualisten. Mitten in einer Lagune, umgeben von Austern- und Krabbenzucht, einem Mangrovenwald. Natursteinhäuschen mit Strohdach und Klappläden statt Fenstern. Eingerichtet mit kreolischen Möbeln. Ausgezeichnete Restaurantküche. *18 km nördlich von Mahébourg* | *nach Bambous Virieux an der Lagune* | *Tel. 634/56 43* | *Fax 57 08* | €€

■ AM ABEND ■

Da es mittlerweile keine Kinos mehr gibt, bietet das Kasino Banco-

Authentischer Einblick in den mauritischen Alltag: auf dem Wochenmarkt in Mahébourg

Gaming die einzige Unterhaltung, *Rue Labourdonnais* (beim Markt). Einarmige Banditen und Spieltische, gespielt wird (fast) rund um die Uhr täglich von 8–4 Uhr. *Tel. 631 29 90*

■ FREIZEIT & SPORT ■

Der schönste Strand bei Mahébourg liegt an der *Pointe Jerôme.* Ideale Verhältnisse für Surfer.

■ ZIELE IN DER UMGEBUNG ■

BLUE BAY [125 D4]

Bucht südlich von Mahébourg mit Badestrand. Den Strand erreicht man am Ende der Halbinsel – sonntags und an Feiertagen bevölkern Einheimische den Strand. Von hier aus kann man mit dem Glasbodenboot den Marinepark erkunden, wundervolle Korallenformationen bestaunen und schnorcheln. Die Anbieter sind zahlreich, siehe Low-Budget-Kasten.

DOMAINE DU CHASSEUR ★ [125 D–E1]

Ausflugsziel für Naturfreunde, Wanderer, Jäger, aber auch Ausflügler, die inmitten üppiger Vegetation nur gut essen möchten. Knapp zwanzig Minuten nördlich von Mahébourg biegt man bei Anse Jonchée ab in die grüne Berglandschaft, in der Hirsche, Affen und Wildschweine leben. Spaziergänge und Jeepfahrten zu einem ❀ Aussichtsplateau werden angeboten *(unterschiedliche Preise, je nach Programm)*, und es ist möglich, auf dem Gelände zu jagen oder einen Jäger auf der Pirsch zu begleiten (gegen Gebühr). Das Anwesen (€€€) verfügt über zwei Restaurants und sechs kleine Chalets. *Tel. 634/50 97 | Fax 52 61 | www. dchasseur.com*

In die Domaine du Chasseur zieht es Wanderer und Jäger

ILE AUX AIGRETTES [125 E3] *Insider Tipp*

Mit einem umfassenden Programm ist der Mauritian Wildlife Fund damit beschäftigt, hier den ursprünglichen Küstenwald von Mauritius wieder aufzuforsten. Die 25 ha große Insel wurde so bereits zur Heimstatt zahlreicher vom Aussterben bedrohter Tier- und Pflanzenarten. Langfristig werden sogar Landschildkröten ausgesetzt. Ein *Besucherzentrum* informiert über Raubbau und Zerstörungen auf Mauritius; täglich gibt es zwei- bis dreistündige Naturführungen. *Der Rundgang kostet einschließlich der Fähre 800 Rupien (Kinder 400 Rupien); Buchung nur über lokale Touranbieter oder unter Tel. 258 81 39*

LE SOUFFLEUR [124 C5]

Eine der wenigen Möglichkeiten, die wilde Felsenküste des Südens mit dem Auto zu erreichen. *Zufahrt über eine Stichstraße bei L'Escalier*

LE VAL ⭐ [124 C2]

Kleiner Naturpark, Ausflugsziel zum Mittagessen, 12 km nordwestlich von Mahébourg hinter St. Hubert. Wer einkehren möchte, bestellt gleich nach der Ankunft und spaziert dann über das Gelände: zu den Hirschgehegen, den Riesenschildkröten, in die Gewächshäuser und zum Karpfenteich. Auch ein Spielplatz ist vorhanden. *Tgl. 9–17 Uhr | Eintritt 50 Rupien*

Im Restaurant *Le Val* stammt alles aus dem eigenen Garten. Es ist möglich, seinen eigenen Fisch zu angeln. *Tgl. 9–15 Uhr | Reservierung empfohlen | Tel. 633/50 51 | €€*

VIEUX GRAND PORT [125 D2]

Einst der wichtigste Inselhafen. Die Verteidigungsanlagen, der kleine Friedhof und die Reste eines Turms führen weit zurück in örtliche Geschichte. Einen Überblick vermittelt das *Frederik Hendrik Museum (Royal Road | Mi–Mo 9–16 Uhr | Eintritt frei)* mit alten Stichen und

> BÜCHER & FILME

Mauritius – als Melodram und als filmreife Kulisse

> **Paul und Virginie** – Ein Paar geht an seiner eigenen Moral zugrunde – keine Geschichte auf Mauritius ist berühmter. 1788 von Jacques-Henri Bernardin geschrieben und in mehr als dreißig Sprachen übersetzt. Es braucht heute allerdings eine besondere Vorliebe für Kitsch, um an dem Melodram Gefallen zu finden.

> **Sita und die Gewalt** – Die Geschichte einer Vergewaltigung wurde auf der Insel verboten.

> **Der Dodo auf Mauritius** – Für diesen wunderbaren Bildband inszenierte der finnische Konzeptkünstler und Fotograf Harri Kallio mit Vogelmodellen aufwendig und liebevoll Idyllen einer glücklichen Vogelwelt vor dem Auftauchen der ersten Menschen.

> **Mein Vater, mein Held** – In der auf Mauritius gedrehten Komödie muss Gérard Depardieu in der Rolle eines geschiedenen Vaters auf Urlaub erkennen, dass seine Teenagertochter mehr Interesse an jungen Männern hat als an ihm.

> **Gor** – Jack Palance und Oliver Reed spielen die Hauptrollen in der hanebüchenen Geschichte eines Professors, der durch einen magischen Ring in eine andere Dimension gesendet wird. Immerhin die Kulisse stimmt.

> **Entscheidung auf Mauritius** und **Verliebt auf Mauritius** – Auch das deutsche Fernsehen kam zum Drehen nach Mauritius.

Grabungsfunden. Sehenswert ist auch der Friedhof der ersten holländischen Siedler *(Cemetery Road)*.

YLANG YLANG [125 E1]

Plantage, auf der ätherische Öle destilliert werden. Sie dienen als Basisöl namhafter Parfüme. Durch die Anlage führen Wanderpfade *(2,5 km | 50 Rupien)*. Zudem werden Jeepsafaris angeboten *(Preise variieren je nach Tour | Tel. 634/56 68)*. Vom  Restaurant *(€€)* schöner Blick. *Tgl. 9–17 Uhr | Anse Jonchée | Vieux Grand Port*

TROU D'EAU DOUCE

[121 E4] Ein Fischernest mit kleinem Hafen in einer schönen Bucht. Das Dorf hat außer einer großen Kirche aus Lavagestein und dem winzigen Platz *Victoria Square*, dem Treffpunkt der Männer, die dort Boule spielen, kaum Sehenswertes.

■ ÜBERNACHTEN ■

LE TOUESSROK

Teilweise auf einer Insel erbauter Komplex im Stil eines Mittelmeerdorfs. Bootsshuttle zur hoteleigenen „Robinsoninsel" und auf die Ile aux Cerfs. Die Zimmer kosten ab 400 Euro. *200 Zi. | Trou d'Eau Douce | Tel. 402/74 00 | Fax 75 00 | www. oneandonlyresorts.com | €€€*

LE TROPICAL

Kleines, familienfreundliches Hotel mit All-inclusive-Konzept und Pool am Strand bei Trou d'Eau Douce. *60 Zi. | Coastal Road | Tel. 419/23 00 | Fax 23 02 | www.naiade.com | €€*

■ ZIEL IN DER UMGEBUNG ■

ILE AUX CERFS ★ ▶▶ ☀ [121 F4–5]

Die beliebteste Badeinsel von Mauritius besticht durch ihre weißen Sandstrände. Ein kleiner Teil der Insel, direkt am Anlegesteg, wird vom nahe

Riesenschildkröte im Naturpark Le Val

gelegenen Hotel *Le Touessrok* bewirtschaftet *(eine Bar, zwei Restaurants mit Snacks und mauritischer Küche | €€)*. Außerdem offerieren dort zahlreiche Anbieter jede nur erdenkliche Art von Wassersportmöglichkeiten, und Ende 2003 wurde ein von Bernhard Langer gestalteter, öffentlicher 18-Loch-Golfplatz eröffnet. Kaum hat man diesen Teil der Insel jedoch verlassen, glaubt man sich allein. Die Insel wird zwischen 9 und 17 Uhr mit kleinen Booten angefahren. Die Passage dauert ca. 15 Minuten. *Hin- und Rückfahrt ca. 300 Rupien | Ablegestellen am Strand von Trou d'Eau Douce*

> DSCHUNGEL UND WASSERFÄLLE

Im Südwesten präsentiert sich die Insel,
wie sie vor ihrer Besiedlung ausgesehen hat

> **Der Südwesten ist eine wilde, urwüchsige Gegend – die einzige Region der Insel, die ein Gefühl davon vermittelt, wie Mauritius wohl ausgesehen hat, bevor die Siedler damit begannen, den Dschungel zu roden.** Steile Klippen, tiefe Schluchten, tosende Wasserfälle und ein undurchdringlicher Dschungel bestimmen das Bild. Wer sich während seines Strandurlaubs nur einen Tag lang vom Komfort des Hotels losreißen mag, sollte hierher fahren.

Der Südwesten beansprucht für sich zwei messbare Superlative: Er ist die niederschlagsreichste Region der Insel, und der Black River Peak ist mit 828 m ihr höchster Berg. Hier findet man eine üppige Flora und einzigartige Fauna. Für die Tierwelt wurde die abgeschiedene Gegend, der einzige Nationalpark der Insel, zu einem Rückzugsgebiet. Hier leben noch einige der endemischen rosafarbenen Tauben und der mauritischen Turmfalken.

Bild: Terres des Sept Couleurs in Chamarel

DER SÜDWESTEN

Trotz Urwüchsigkeit haben sich hier schon im 19. Jh. Menschen niedergelassen: Schwarze, die nach Abschaffung der Sklaverei der Welt der Weißen den Rücken kehrten und eigene Dörfer gründeten. Manche Hütten scheinen aus Treibholz gezimmert; die kleinen Grundstücke aus dem Wald dienen gleichermaßen als Obst- und Gemüsegarten, als Hof für Hühner und als Weide für eine Ziege oder eine Kuh.

Fischerdörfer reihen sich an dem schmalen Streifen zwischen den Bergen und dem Meer aneinander. Im Süden, wo das Korallenriff unterbrochen ist, rollen gewaltige Wellen an den Stränden aus; unberechenbare Strömungen machen das Schwimmen gefährlich, weshalb es dort keine Strandhotels gibt. Im Westen bietet sich das übliche Bild: ruhiges Wasser, weißer Strand, Filao-Haine. Und Mauritius' größter Hafen für Hochseefischerei.

90 m tief stürzen die Zwillings-
wasserfälle in ein unzugängliches Becken

CHAMAREL

[122 C3] **Nur an Mariä Himmelfahrt am 15. August verwandelt sich das kreolische Dorf in einen Rummelplatz.** Dann pilgern Gläubige zur *Wallfahrtskirche Ste. Anne.* Mit ihnen kommen fliegende Händler und Garküchen. Der Ort ist umgeben von Kaffee- und Zuckerrohrplantagen.

▀▀ SEHENSWERTES ▀▀

TERRES DES SEPT COULEURS   [122 B3]

Bekannt ist Chamarel für seine farbige Erde. Über eine Fläche von etwa 1 ha erstrecken sich lange Bodenwellen in sieben Farben. Der Grundton ist rostiges Rot. Je nach Tageszeit leuchten die Erdschichten von Gelborange über Grün und Blau bis hin zu Violett. Eine eindeutige wissenschaftliche Erklärung gibt es für das Phänomen nicht. Die Hügellandschaft soll vulkanischen Ursprungs und durch Mineraloxidation entstanden sein. *Parkgelände tgl. 7.30 bis 17.30 Uhr | Eintritt ca. 60 Rupien*

▀▀ ESSEN & TRINKEN ▀▀

LE CHAMAREL ☀

Restaurant mit herrlicher Aussicht und guter kreolischer Küche, Spezialität: Wild. Nach dem Essen wird einheimischer Kaffee serviert. *Tgl. | La Crête | Chamarel | Tel. 453/64 21 | €€ – €€€*

VARANGUE SUR MORNE ⭐

Das ehemalige Aufseherhaus einer Bananen- und Ananasplantage liegt an der Straße zum Mare aux Vacoas. Von der ☀ offenen Veranda aus herrlicher Blick über die grünen Berge, beliebt bei Touristengruppen.

DER SÜDWESTEN

So Ruhetag | 110, Route de Plaine Champagne | Chamarel | Tel. 453/ 66 10 | €€ – €€€

ZIELE IN DER UMGEBUNG

GRAND BASSIN 〰️ [123 E3]

Trotz des Namens ist das Grand Bassin nur ein winziger See, keine 20 km östlich von Chamarel. Berühmt ist der erloschene Vulkanschlot wegen des *Maha-Shivaratree-Fests.* Jedes Jahr kommen im Februar/März mehr als 300 000 Hindus zu rituellen Waschungen. Am Ufer stehen kleine Tempel und Altäre. Unübersehbar ist die die erst 2005 errichtete, etwa 35 m hohe *Shri-Mangal-Mahadev-Statue. Tgl. 6–18 Uhr | Eintritt frei*

LE PÉTRIN UND DIE PLAINE CHAMPAGNE [123 D-E3]

Der Nationalpark *Black River Gorges* liegt nicht nur in der tiefen Schlucht des „schwarzen Flusses", sein Herzstück ist die karge Hochebene 〰️ *Plaine Champagne* auf 749 m. Eine schmale Straße windet sich durch das Gebiet, Stichstraßen führen immer wieder zu Aussichtspunkten über Schluchten und Wasserfällen – am schönsten ist der Blick auf den *Black River Waterfall* bei Le Pétrin.

〰️ Lohnend ist die etwa 16 km lange, kurvige Fahrt von Le Pétrin über *Chemin Grenier* nach *Rivière des Galets,* vorbei am sehenswerten Tal *Vallée des 23 Couleurs* [123 D-E 3–5]. Sie führt durch Hochwälder, Ananaspflanzungen und Gemüsefelder und bietet wunderschöne Blicke auf die Südküste, an deren rauem Ufer man auf die Hauptstraße um den Südzipfel von Mauritius stößt.

GRANDE RIVIÈRE NOIRE

[122 B-C2] **In der Hochsaison zwischen März und November treffen sich hier die Profis unter den Hochseefischern.** Sie veranstalten Wettkämpfe und ziehen bis zu 650 kg schwere Blaue Marline und andere Großfische aus dem Wasser *(Kosten ca. 10 500 Rupien für einen sechsstündigen Ausflug).*

Die meist kreolischen Einwohner von Grande Rivière gehören zu den ärmsten Bewohnern der Insel. Der Lebenslust scheint das keinen Abbruch zu tun. Die Straßen sind stets belebt, und vor allem an den Wochenenden wird auf den Plätzen oft spontan gefeiert.

MARCO POLO HIGHLIGHTS

⭐ **Black River Gorges National Park**
Unberührte Natur im tiefen Flusstal und auf der Hochebene – Refugium für letzte Mauritius-Turmfalken und Rosatauben (Seite 70)

⭐ **Dinarobin Hotel Golf & Spa**
Sport und Wellness vom Feinsten (Seite 70)

⭐ **Varangue sur Morne**
Küche und Aussicht konkurrieren in diesem Restaurant auf dem „Dach von Mauritius" (Seite 68)

⭐ **Küstenstraße nach Souillac**
Vom Morne Brabant nach Souillac führt die landschaftlich reizvollste Küstentour auf Mauritius (Seite 71)

ZIEL IN DER UMGEBUNG

BLACK RIVER GORGES NATIONAL PARK ★ **[122–123 C–E 2–4]**

Mehrere Naturschutzgebiete wurden zum Black River Gorges National Park zusammengefasst. Mit 66 km² nimmt er 3,5 Prozent der Inselfläche ein. Die Landschaft ist abwechslungsreich. Sie reicht vom Gipfel des 828 m hohen *Black River Peak,* des höchsten Bergs der Insel, bis zum dichten Regenwald entlang der Steilhänge der *Savanne Mountains.* Innerhalb der Parkgrenzen wachsen 150 endemische Pflanzenarten und leben allein neun bedrohte einheimische Vogelarten.

Leider ist der Nationalpark für Wanderer eher schlecht erschlossen. Empfehlenswert sind nur die Wege durch den *Macchabée Tropenwald,* die *Black River Gorges* und auf den *Black River Peak (Piton de la Petite Rivière Noire)*, von dem aus die Sicht über die ganze Insel reicht. Das *Besucherzentrum (Tel. 464/40 16 u. 29 93)* im Park informiert etwas lieblos über Flora und Fauna. Da es nachmittags oft regnet, sollte man die Gegend möglichst früh am Tag besuchen.

Insider Tipp

LE MORNE BRABANT

[122 A4] **Der markante Berg Le Morne Brabant (556 m) auf einer Halbinsel ist von schönen Stränden umgeben.** Im 19. Jh. kam es hier zu einem tragischen Missverständnis. Während der französischen Herrschaft entlaufene Sklaven hatten die Hänge des Bergs als Versteck genutzt. Als die Engländer die Sklaverei abgeschafft hatten und Polizisten in die Region schickten, um den Menschen von ihrer gewonnenen Freiheit zu berichten, glaubten sie sich entdeckt und stürzten sich aus Verzweiflung in den Tod.

ESSEN & TRINKEN

LA KAZ DO **[122 B3]**

Einfach, preiswert, gut: kreolisch-chinesische Küche. *Tgl. | La Gaulette | Royal Road | Tel. 451/02 18* | €

LE SIROKAN **[122 B3]**

Kreolisch-indisches Restaurant. Gute Fischgerichte. *Tgl. | La Gaulette | Royal Road | Tel. 451/51 15* | €€

ÜBERNACHTEN

DINAROBIN HOTEL GOLF & SPA ★

Intimes Luxushotel mit 172 eleganten Suiten und einem exquisiten Spa-Wellnesszentrum; breiter Strand, großer Swimmingpool. Die Nutzung

aller Einrichtungen des Hotels Le Paradis inklusive des Golfplatzes ist für Dinarobin-Gäste eingeschlossen. Zimmerpreise über 300 Euro. *Tel. 401/49 00 | Fax 49 01 | www.beach-comber-hotels.com | €€€*

LE PARADIS

Firstclasshotel mit angeschlossenem Bungalowkomplex. Sehr schöner Strand, breit gefächertes Sportangebot, herrlich gelegener, öffentlicher Golfplatz (18 Loch, Par 72). Vier Restaurants, Pool, Health Center, Hochseefischen. Zimmer ab 300 Euro. *280 Zi. | 13 Villen | Tel. 401/50 50 | Fax 450/51 40 | www.beach comber-hotels.com | €€€*

ROPSEN TOUR OPERATOR ▶▶   [122 B3]

Ropsen bietet einige einfache, aber sehr saubere Appartements für Selbst-

versorger an. Ideal für Surfer – und für alle, die viel Kontakt mit Einheimischen wünschen. *La Gaulette | Royal Road | Tel./Fax 451/57 63, €–€€*

◼ ZIELE IN DER UMGEBUNG ◼

BEL OMBRE ❀   [122 C5]

Lohnend ist die Fahrt entlang der Küste vom Morne Brabant über das bunte kreolische Dorf *Baie du Cap* bis nach Bel Ombre. Die *Zuckermühle* von Bel Ombre ist eine der letzten noch in Betrieb auf der Insel. Der Ort wurde durch den Bau von vier Luxusresorts (🔊 Le Telfair, Heritage Golf & Spa, Mövenpick, Tamassa Hotel) und eines Golfplatzes touristisch erschlossen.

Die weiterführende ★ *Küstenstraße nach Souillac* zieht sich durch eine wellige Hügellandschaft, vorbei an Fischerbooten, bunten Häusern und kleinen kreolischen Läden.

Die Brandung vor dem Morne Brabant – ein Traum für Kite- und Windsurfer

SOUILLAC

Insider
Tipp

ILE AUX BÉNITIERS   [122 B3]

Beliebte Badeinsel in einer weiten, türkisblau schimmernden Lagune. Bootsverbindungen vom Hotel Le Paradis; auch Fischer an den Stränden von *La Gaulette* und *Grande Case Noyale* setzen Touristen über. Die Bauern der Insel waren einst die Hauptlieferanten für Kokosnüsse.

SOUILLAC

[123 F5] **Fischerstädtchen mit natürlichem Hafen. Der Ort besteht aus kaum mehr als einem unverhältnismäßig großen Busbahnhof, einer Kirche, einem Hindutempel, einem Park und einer Handvoll Läden.**

■ SEHENSWERTES ■

GRIS GRIS

Aussichtspunkt am südlichen Ortsende. Parkplatz und Erfrischungsstände machen Gris Gris zum Treffpunkt. Einen schöneren Blick auf die Brandung hat man etwas weiter am „weinenden Felsen", *La roche qui pleure.*

>LOW BUDGET

MUSÉE ROBERT EDWARD HART

Refugium des mauritischen Poeten Robert Edward Hart, der hier 1954 im Alter von 63 Jahren gestorben ist. Hart stammte aus Port Louis, war zunächst Journalist und Bibliothekar, ehe er Gedichte und fünf Romane schrieb, für die er von der Académie Française geehrt wurde. Wohnhaus und Museum liegen auf dem Weg nach Gris Gris direkt am Meer. Es zeigt Möbel, Porträts des Dichters sowie seine Veröffentlichungen. *Mo–Mi 9–14, Do/Fr 9–16, Sa/So 9–12 Uhr | Eintritt frei*

ROCHESTER FALLS

„Très compliqué", sagen die Jungen, wenn man am nördlichen Ortsrand nach den Wasserfällen fragt, und bieten an, mit dem Fahrrad vorauszufahren. Tatsächlich gibt es nur wenige Wegweiser. Den Preis für den „Guide" sollten Sie vor der Fahrt aushandeln. Das Wasser der Rochester Falls stürzt zwar nur 15 m tief, doch die liebliche Landschaft drumherum macht den Ort zu einem Idyll.

■ ESSEN & TRINKEN ■

LE BATELAGE   [123 F5]

Kleines kreolisches Restaurant, idyllisch an der Flussmündung im Hafen von Souillac. *Tgl. von 11 Uhr bis abends | Tel. 625/60 84 | €–€€*

ST. AUBIN TABLE D'HÔTE   [123 F5]

Auf Voranmeldung kann man im wunderschönen kreolischen Herrenhaus von 1819 ein kreolisches Mittagsmenü genießen. Ein Rundgang durch Haus und Garten sowie die Vanillezucht schließt den Besuch ab. Sehr empfehlenswert! *Tgl. | Tel. 626/15 13 | €€*

■ ZIELE IN DER UMGEBUNG ■

BOIS CHÉRI [123 F3]

Auf der 20 km nördlich gelegenen Teeplantage gibt es ein kleines Museum, in dem Anbau, Herstellung und Verfeinerung des Tees erläutert werden – die Teeprobe ist inklusive.

gibt einen Rundweg mit zahlreichen kleinen Wasserfällen, in deren Becken das Baden erlaubt ist. *Etwa 10 km nordwestlich von Souillac: von Chemin Grenier Richtung Mont Blanc | dann ausgeschildert | tgl. 9 bis 17 Uhr | Eintritt 150 Rupien*

Frauen bei der Teeernte auf der Plantage Bois Chéri

Mo–Fr 8.30–15.30 Uhr, Sa bis 13 Uhr | Eintritt 230 Rupien | Tel. 617 91 09

VALLÉE DES 23 COULEURS [123 E4]

Bei Bauarbeiten legte der Besitzer dieser Plantage 1998 Erdreich frei, das in 23 Farben und um die hundert Schattierungen zwischen Grau und Blau, Rot und Violett schimmert – eine geologische Sensation, die sein Gemüse- und Obstunternehmen prompt zum Ausflugsziel machte. Es

LA VANILLE RÉSERVE DES MASCAREIGNES [124 A5]

7 km nordöstlich von Souillac ist der Park im indisch geprägten *Rivière des Anguilles* unübersehbar ausgeschildert. Zu sehen sind außer vielen Krokodilen auch Affen, Riesenschildkröten, Riesenfrösche, kleine Reptilien und eine große Insektensammlung. Das Restaurant punktet mit hauseigenen Erzeugnissen. *Tgl. 9.30–17 Uhr | Eintritt 180 Rupien*

Das Ballungsgebiet des Westens bietet besonders viele Einkaufsmöglichkeiten

> Die Strände des Westens erstrecken sich von Flic en Flac bis Tamarin. Vor Tamarin liegt der beste Surfspot von Mauritius. Zwischen Juni und August rollen hier meterhohe Wogen an die Küste, da das Korallenriff an dieser Stelle unterbrochen ist.

Im Hinterland ziehen sich kilometerweit Städte über die Hochebene. Im 19. Jh. als eigenständige Siedlungen gegründet, gehen sie mittlerweile nahtlos ineinander über. Anziehungspunkte für Touristen sind Einkaufs-zentren und Lagerverkäufe. In üppigen Gärten verstecken sich Kolonialvillen. Im südlichen Hochland wird Tee angebaut.

CUREPIPE & FLORÉAL

[119 D–E5] Als um 1850 in Port Louis und Mahébourg Malaria ausbrach, zog, wer es sich leisten konnte, in die Hochebene

Bild: Kolonialvilla in Curepipe

DER WESTEN

(540 m) mit ihrem gesunden Klima. So entstand Curepipe. Mit 65 000 Ew. ist sie die zweitgrößte Stadt der Insel und gilt vielen als die heimliche Hauptstadt, weil hier wichtige Behörden und die Radio- und Fernsehstation ihren Sitz haben. Es gibt hier die beste Schule, das Royal College, und sogar ein mondänes Spielkasino. Im eleganten Vorort Floréal wohnt, wer Geld hat, und in einigen der Kolonialvillen residieren Botschaften.

■ SEHENSWERTES ■

BOTANISCHER GARTEN

Insider Tipp

Viel kleiner als der Garten von Pamplemousses, aber mit ebensolchem Charme. Treffpunkt der Liebespärchen. *Eintritt frei*

DOMAINE DES AUBINEAUX

Bei Curepipe steht eines der schönsten Herrenhäuser, gebaut 1872. In der Villa wohnte bis 1999 die letzte Besitzerin Louise-Myriam Harel.

CUREPIPE & FLORÉAL

Dieser Vulkan ist schon lange nicht mehr aktiv: Krater Trou aux Cerfs

Die Einrichtung der Räume blieb fast unberührt. 30-minütige Tour mit anschließender Teeprobe. *Bois Chéri | Tel. 626/15 13 | Mo–Fr 8.30–16, Sa 8.30–12 Uhr | Eintritt 230 Rupien*

KIRCHE STE. HÉLÈNE
Basilika mit schönen Fenstern. Mit etwas Glück ist der Aufgang zum Turm geöffnet. *Royal Road | am Ortsausgang Richtung Phoenix*

KIRCHE STE. THÉRÈSE
Dreischiffige römisch-katholische Kirche. Neogotik mit eindrucksvoller Deckenkonstruktion. *Royal Road*

RATHAUS
Altes englisches Kolonialhaus (1890) mit vier Ecktürmen und Freitreppen. *Gegenüber von Ste. Thérèse | neben der Carnegie Library | Royal Road*

TOWNHALL GARDENS
Kleiner Park hinter dem Rathaus mit der Bronzestatue „Paul et Virginie" von Prosper d'Epinay.

TROU AUX CERFS ⭐
Der 650 m hohe Vulkankrater ermöglicht gleichermaßen einen Einblick in die geologische Geschichte und einen Ausblick über die Insel, mit etwas Glück bis zur 170 km entfernten Nachbarinsel Réunion. Im 85 m tiefen Krater hat sich ein sumpfiges Biotop, umgeben von einem Wäldchen, gebildet. Die Straße führt im weiten Kreis auf dem Kraterrand entlang.

■ ESSEN & TRINKEN
LA CLÉF DES CHAMPS
Französische Küche. Charmantes Ambiente. *Mittags tgl., Mo, Mi und Fr auch abends | Queen Mary Avenue | Floréal | Tel. 686/34 58 | €€–€€€*

LE GAULOIS RESTAURANT
Fünf Tische, für mauritische Verhältnisse gemütlich. Spezialitäten: King Prawns und Krabben. *So Ruhetag | Rue Dr. Ferrière | links vom Eingang der Arcades Salaffa | Tel. 675/56 74 | €€*

LA NOUVELLE POTINIÈRE

Rustikal-elegant. Spezialitäten: Meeresfrüchte und Palmherzsalat. *So Ruhetag, Mo nur mittags, im Hillcrest Building, Sir Winston Churchill Street | Tel. 676/26 48 | €€–€€€*

EINKAUFEN

Curepipe ist die Stadt mit den besten Einkaufsmöglichkeiten auf der Insel. Es gibt Markthallen, Einkaufspassagen und die Möglichkeit, direkt in Fabriken Waren zu erwerben.

Die Passagen erstrecken sich entlang der Royal Road: Die *Arcades Salaffa* bestehen aus etwa drei Dutzend Läden der unteren und mittleren Preiskategorie, vor allem Boutiquen. In der *Galerie Dabee* sowie den *Arcades Continental* und *Arcades Currimjee*, kurz *Les Arcades* genannt, findet man Designerkonfektion, junge Mode, Antiquitäten und Souvenirs. *Do sind die Geschäfte ab 13 Uhr geschlossen, Mi u. Sa ist Markttag*

ANTIQUITÄTEN

L'Antiquaire bietet Kleinmöbel, Lampen, Bettwäsche und Geschirr an. *Emile Sauzier Street | Mo–Mi u. Fr/Sa 9.30–17.30, Do 9.30–13 Uhr*

CHINAPRODUKTE

Beautés de Chine verkauft chinesisches Porzellan, Schnitzereien, Tischwäsche, Jade, Kupfer sowie kleine Antiquitäten aus China. *Les Arcades | Route du Jardin | Mo–Sa 9.30 bis 17.30 | Do 9.30–13 Uhr*

MARITIMES

Schiffskoffer, Reiseschreibtische und Schubladenkästen gibt es in der *Galerie de la Marine.* Hier werden auch sehr schöne Schiffsmodelle angeboten. *Royal Road | neben der Kathedrale | Mo–Sa 9.30–17.30, Do 9.30–13 Uhr*

SCHIFFSMODELLE

In der *Company Maquette José Ramar,* kurz: *Comajora*, der ältesten und größten Schiffsmodellfabrik der Insel, kann man bei der Herstellung der handgearbeiteten *maquettes* zusehen, direkt einkaufen und Modelle bestellen. Ab 200 Euro. *Am südlichen Ortsausgang rechts einbiegen in die Brasserie Road | Forest Side (ausgeschildert) | Mo–Fr 9–16 | Sa 9–13 Uhr*

SCHMUCK

In der Diamantenschleiferei *Adamas* kann man Schmuck, Uhren und Dia-

MARCO POLO HIGHLIGHTS

manten zollfrei einkaufen. Im Atelier darf man bei der Herstellung von Schmuck zuschauen. *Mangalkhan Lane | Mo–Fr 9–16 | Sa 9–12 Uhr*

Nähe der Diamantenschleiferei | Mo–Fr 9.30–17, Sa 9.30–13 Uhr

■ ÜBERNACHTEN ■

AUBERGE DE LA MADELON

In diesem Gästehaus können Sie für ca. 20 Euro im Doppelzimmer übernachten. Sehr einfache, aber ordentlich geführte Unterkunft. *15 Zi. | Pope Hennessy Street | Tel. 676/15 20 | €*

LE PLAZA HOTEL

Günstiges Hotel in zentraler Lage, vor allem bei Gästen aus La Réunion beliebt. *70 Zimmer | Tel. 670 15 18 | plazahotelltd@intnet.mu | €*

■ AM ABEND ■

SPIELKASINO

Neben Roulette auch Black Jack, Restaurants, Unterhaltung und Tanz. Überraschend vornehm. Krawattenzwang. An den einarmigen Banditen im Nebengebäude kann man ab 10 Uhr spielen, selbst dort sind lange Hosen und Ärmel Vorschrift. *T. de Buch Street, an der Ecke Boulevard Victoria/Rue Thérèse | tgl. 20.30–4 | So u. feiertags ab 14 Uhr*

■ AUSKUNFT ■

Stadtplan gegenüber der Kirche Ste. Thérèse, *Royal Road*

■ ZIEL IN DER UMGEBUNG ■

MARE AUX VACOAS   [123 E2]

Größter Binnensee und wichtigstes Wasserreservoir der Insel, mit Wasserkraftwerk. Benannt nach den ihn umgebenden *vacoas*, Schraubenpinien. Durch die Höhenlage (600 m) kühle Temperaturen. Mit dem Laub- und Pinienwald erinnert die Landschaft mehr an Finnland als an

Markt in Curepipe, einer Stadt mit allerbesten Einkaufsmöglichkeiten

STRICKWAREN

Im ⭐ *Floréal Square* werden auf zwei Etagen günstig Pullover, Polohemden und T-Shirts verkauft, zum Teil handelt es sich dabei um Markenware. Außerdem gehört ein interessantes *Textilmuseum* zum Geschäft. *Mangalkhan Lane | in unmittelbarer*

die Tropen. *7 km südlich, herrlicher Rundweg*

FLIC EN FLAC & WOLMAR

[118 A4–5] Der lange Strand zählt zu den schönsten der Insel. Ungefähr 100 m vom Ufer entfernt brechen sich die Wellen am Riff. Durch die vielen weit verstreuten, mehrstöckigen Neubauten ist Flic en Flac mittlerweile sehr zersiedelt. Die meisten Hotels befinden sich am südlicheren Strandabschnitt um Wolmar. Flair hat nur der ursprüngliche Ortsteil mit den alten Fischerhäusern und kleinen Läden.

>LOW BUDGET

> Einheimischer Mittagstisch: Der Supermarkt London Waya bietet einen Mittagstisch sowie Kaffee und Kuchen. Die Gerichte können mitgenommen oder auf der Terrasse verzehrt werden. Unterschiedliche mauritische Gerichte sind appetitlich hinter einer Vitrine präsentiert, sodass man ohne Sprachkenntnisse einfach bestellen kann – keine Angst, den Piment gibt es separat! Die Gerichte kosten ca. 60 Rupien. Royal Road | Tamarin

> Delphintour: Das Hotel Tamarin bietet von Montag bis Samstag Bootstouren entlang der Westküste an. Auch Nichthotelgäste sind willkommen. Kosten: 800 Rupien. Dies ist wesentlich günstiger als die sonst üblichen Ganztagestouren mit Verpflegung. 8–11 Uhr | Voranmeldung erforderlich | Tel. 483 65 81

■ ESSEN & TRINKEN

SEA BREEZE

Restaurant mit chinesischer, aber auch kreolischer Küche, empfehlenswerte Fischgerichte und Meeresfrüchte. *Tgl. (So nur abends) | Flic en Flac | Tel. 453/84 13 |* €€

■ ÜBERNACHTEN

ESCALE VACANCES

Appartementanlage mit Pool, nur durch die Straße vom Strand von Flic en Flac getrennt. Gut eingerichtete Küche, TV, Frühstück auf Anfrage, Geschäfte und Restaurants in der Nähe. *Buchung über Ward Enterprises | Tel. 467/62 18 | Fax 62 22 | www.wardhouses.com |* €

GOLD BEACH RESORT

Familiär geführtes Hotel. Pool, Restaurant. *36 Zi. | Wolmar | Tel. 453/82 35 | Fax 84 20 | www.goldbeach hotel.com |* €€

HILTON MAURITIUS RESORT 🔊

Luxushotel am Strand von Wolmar. Drei ausgezeichnete Restaurants, darunter das ==Ginger Thai,== großes **Insider Tipp** Sportangebot und Spa. Zimmer kosten ab 300 Euro. *193 Zi. | Wolmar | Tel. 403/10 00 | Fax 11 11 | www. hilton.com |* €€€

JET-7

Appartementanlagen für Selbstversorger, meist mit Pool und in Fußentfernung vom Strand von Flic en Flac. *Avenue Verger | Tel. 453/96 00 | Fax 94 99 | www.jet-7.com |* €

LA PIROGUE HOTEL

Eines der ersten Hotels der Insel – lebhaftes, buntes Publikum und

Unterhaltungsangebot. Zum Hotel gehören runde, reetgedeckte Bungalows im Palmenhain am Strand bei Flic en Flac. *248 Zi. | Wolmar | Tel. 453/84 41 | Fax 84 49 | www.lapiro gue.com | €€€*

VILLAS CAROLINE
Hübsche, familienfreundliche Anlage am Strand nahe dem Ortszentrum von Flic en Flac. Helle, saubere Zimmer, entspannte Atmosphäre, Pool. Sportangebot mit guter Tauchschule. *74 Zi. | Tel. 453/84 11 | Fax 81 44 | caroline@intnet.mu | €€*

QUATRE BORNES & BEAU BASSIN & ROSE HILL

[118–119 C–D 3–4] **Quatre Bornes (72 000 Ew.) wird wegen des wirtschaftlichen Aufschwungs der letzten Jahre auch „die Millionärsstadt" genannt.** Besucher kommen aber vor allem wegen des *Insider Tipp* Kleidermarkts her, auf dem man besonders günstige Einzelstücke (Strickwaren, Hemden, Jeans etc.) finden kann.

Auf Mauritius ist *Beau Bassin*, die nördlichste der sieben aneinanderhängenden Städte des westlichen Hochlands, bekannt wegen des ★ *Hotel Gool*, eines außergewöhnlichen Imbisses, der rund um die Uhr geöffnet hat und Treffpunkt für Nachtschwärmer ist. Im Volksmund heißt es deshalb „No Door". Ursprünglich wollte sich der Wirt auf diese Weise die Kosten für einen Nachtwächter sparen. In diesem etwas düsteren Stehimbiss spielt im Hintergrund indische Musik, und aus einem Seitenraum dröhnt der Radau von Videospielautomaten. Gool, der Wirt, ist ein gebildeter Inder, fast schon ein Philosoph, dem ein anregendes Gespräch wichtiger erscheint als der Verkauf seiner Snacks. *Hotel Gool, Royal Road am Kreisverkehr bei Postamt und Polizeistation | tgl. | 24 Stunden geöffnet | €*

Nahtlos ist der Übergang in die Geschäftsstadt *Rose Hill,* in der sich alles Leben rund um die sogenannte „Plaza" mit dem Rathaus, der Bibliothek und dem Theater abspielt. Im Nachbargebäude der städtischen Behörden richtet die *Galerie Max Boulle* sporadisch Ausstellungen mauritischer Künstler aus *(Mo–Sa 10–18 Uhr).* Mit seinen Einkaufsmöglichkeiten macht Rose Hill inzwischen Curepipe Konkurrenz. Die wichtigsten Einkaufszentren sind *Arcade Sunassee* an der *Royal Road, Atrium Shopping Centre* in der *Vandermeersch Street* und *Les Galeries* *Insider Tipp* *Evershine* im neuen *Commercial Complex.*

▮ ESSEN & TRINKEN ▮
KING DRAGON
Hervorragendes Chinarestaurant mit Café, Restaurant und dem *Queen's Cabaret Club.* Di Ruhetag | *St. Jean Road | Tel. 424/78 88 | €€*

▮ ÜBERNACHTEN ▮
EL MONACO
Weitläufige Anlage mit Pool. Sehr gutes Preis-Leistungs-Verhältnis. *93 Zi. | 17, St. Jean Road | Tel. 425/ 26 08 | Fax 10 72 | €€*

■ AM ABEND

PALLADIUM

Genügend Unterhaltung für einen ganzen Abend: Restaurant, Diskotheken (*Dollar* und *Around Midnight* mit Séga und aktuellen Hits.) in einem dreistöckigen Haus, das grie-

LE SAXO

Seit Jahren ist diese Diskothek in Mode. Am Freitag- und Samstagabend bildet sich eine lange Schlange vor dem Eingang, die Tanzfläche ist überfüllt. Gemischte internationale Tanzmusik, darunter auch kreolische

Auch bei Einheimischen beliebt: mal ausspannen am Strand

chisch-römische, indische und arabische Stilelemente vereint. Im gleichen Gebäude befindet sich das Kasino *Pallagames:* einarmige Banditen, Black Jack und Karaokeshows. *Im Norden von Quatre Bornes, direkt an der Autobahn. Diskotheken Mi, Fr, Sa 23–4 Uhr | Eintritt 300 Rupien. Kasino tgl. 20.30–4 Uhr. Restaurant nur abends geöffnet (Mo Ruhetag) | €€*

Songs. *Route Royale | Beau Bassin | Fr/Sa ab 23 Uhr | Eintritt ca. 300 Rupien*

UNDERGROUND

Einheimischendisko mit einem vielfältigen Musikmix. Mittwochs, freitags und samstags bis in die frühen Morgenstunden brechend voll. *Route St. Jean | Quatre Bornes | Eintritt ca. 250 Rupien*

TAMARIN

[118 A5] ★ **Die meiste Zeit über liegt die breite Mündungsbucht der Flüsse Rivière Tamarin und Rivière du Rempart friedvoll da.** Zwischen Juli und September aber entstehen hier Wellen, von denen Surfer auf der ganzen Welt schwärmen. ▶▶ Die aktuelle Situation ist im Netz nachzulesen *(www.windguru.cz)*; besonders Surfer aus Südafrika fliegen dann für ein paar Tage ein. Wind- und Kitesurfer treffen sich an der Südwestspitze, am Strand von Le Morne Brabant, um am Spot Big Eye zu surfen. Im Hinterland von Tamarin steht das „Matterhorn von Mauritius", der *Mont du Rempart* (545 m), eines der Wahrzeichen der Insel. Rund um den regenarmen Ort *Tamarin* liegen Salinen, die immer öfter Siedlungen weichen müssen. Noch aber stapelt sich das Salz hier.

SEHENSWERTES

CASELA NATURE & LEISURE PARK ★ [118 B4–5]

Ursprünglich nur ein Vogelpark, reicht die Vielfalt der Tiere heute von einheimischen Affen und Javahirschen bis zu Zebras, Kängurus und Raubkatzen. Im Zentrum stehen die mehr als 1500 Vögel. Etwa 140 Arten sind zu sehen, darunter die seltene Mauritius-Taube und der Mauritius-Turmfalke. In der wilden Landschaft der weitläufigen Anlage werden auch Soft-Adventure-Touren veranstaltet. Das Terrassenrestaurant *Le Mirador (€€€)* bietet eine wunderbare Aussicht. *Royal Road | Cascavelle | tgl. 9–18 Uhr (Mai–Okt. 9–17 Uhr) | Eintritt 150 Rupien | www.caselayemen.mu*

ÜBERNACHTEN

TAMARIN HOTEL

Zwar einfach, aber sehr ansprechend, mit Pool und kleinem Wellnessbereich; die Bar und das Restaurant sind auch bei Einheimischen beliebt. *66 Zi. | Tamarin Bay | Tel. 483/65 81 | Fax 63 37 | €–€€*

FREIZEIT & SPORT

SURFEN

Surfbretter und Unterricht (Stunde inkl. Brettverleih 700 Rupien für Anfänger, 500 Rupien für Fortgeschrittene) bei Roger Theveneau im Tamarin Hotel *(Tel. 727/07 76)*, auch für Nichthotelgäste.

PHOENIX-VACOAS

[119 D–E 4–5] **Die Grenzen dieser Stadt festzulegen ist schier unmöglich; daher spricht man auch gerne von der Doppelstadt Phoenix-Vacoas (zusammen 92 000 Ew.).** In diesem Ballungsgebiet stel-

len viele Textilfabriken ihre Kollektionen her. Tausende Menschen pendeln zum Arbeiten in die Region. Für Besucher gibt es einige interessante Einkaufsmöglichkeiten, und abends kann man unter Einheimischen tanzen gehen. Nach Phoenix ist übrigens auch eine der drei mauritischen Biersorten benannt. Dienstag und Freitag ist in Vacoas *Markt (Sivananda Road)*, teilweise in einer neuen Halle, aber auch an Ständen im Freien.

SEHENSWERTES

POLIZEIMUSEUM
In einem historischen Lagerhaus wird die Geschichte der Armeen von Mauritius nacherzählt. *Mo–Mi und Fr/Sa 9–17, So 9–19 Uhr; So 19–20 Uhr Wasserspiele im Garten | Eintritt frei*

EINKAUFEN

GLAS
Die *Phoenix Glass Gallery* stellt Souvenirs aus Altglas her. Sie können bei der Produktion zusehen. *Pont Fer | Phoenix | Mo–Sa 9–11 u. 13–15 Uhr*

TEXTILIEN
Der *Ozean Factory Shop* hat sich auf Bade- und Freizeitmode spezialisiert und immer interessante Angebote. *Nalletamby Road 56 | Phoenix | Mo–Sa 8.30–17.30 Uhr | Tel. 697/79 85*

AM ABEND

LA CAVERNE
Die älteste Diskothek der Insel mit zwei separaten Räumen ist seit Jahrzehnten Anziehungspunkt für Einheimische aus allen Inselecken. Musik aus den 70er-, 80er- und 90er-Jahren zieht im *Moulin du Paramount* ein bunt gemischtes Publikum an, darunter auch einige Senioren. In *Sam's American DJs Club* werden Techno und House für ein junges Publikum gespielt. Jede Disko hat einen eigenen Eingang und ein eigenes Flair. *La Caverne | Vacoas | Main Road | Mi, Fr, Sa 22 Uhr bis Sonnenaufgang | Eintritt je Diskothek ca. 500 Rupien*

Der Mont du Rempart im Hinterland von Tamarin – das „Matterhorn von Mauritius"

> URLAUB VOM URLAUB

Erkunden Sie den Osten der Insel und fahren Sie
durch alle Klimazonen

Die Touren sind auf dem hinteren Umschlag und im Reiseatlas grün markiert

1 „MONTAGSROUTE": DER OSTTEIL DER INSEL

Urlauber besuchen Mauritius wegen der Strände und seiner exklusiven Hotels. Und doch verpasst, wer den Tag nur am Meer verbringt, eine Landschaft von bezauberndem Reiz. Von eigenem Charme sind auch die kleinen Ortschaften inmitten der weiten Zuckerrohrfelder oder am Rand des Dschungels. Eine knapp 80 km lange Autofahrt von Mahébourg

hinauf nach Poste de Flacq macht Sie mit dieser Seite der Insel vertraut. Die Tour dauert knapp einen Tag.

Die Tour durch den Osten der Insel sollten Sie an einem Montag unternehmen, dann ist Markt in **Mahébourg** *(S. 60)*, dem Ausgangspunkt dieser Route. Das verschlafene Städtchen ist der einzige größere Ort im Südosten der Insel. Kommt man von Westen, auf der A 10, nach Mahébourg, liegt auf der linken Seite der

Bild: Nationalpark Black River Gorges

AUSFLÜGE & TOUREN

Tamilentempel **Shri Vinayaour Seedala-men** *(S. 61)* und auf der rechten Seite ein weiterer kleiner Gebetstempel. Nicht weit entfernt steht eine Kolonialvilla, in der seit 1950 das **Marine-museum** *(S. 61)* untergebracht ist. Angeblich spukt es in diesem prächtigen Bau, im 19. Jh. jedenfalls sollen hier Gespenster zwischen dem halbverfallenen Mobiliar großartige Bälle gefeiert haben. Die Möbel wichen Vitrinen und Ausstellungsstücken,

die geisterhafte Atmosphäre hat das Haus aber behalten.

Die Fahrt auf der B 28 führt Richtung Norden. Mal nah am Meer, mal durch die Ausläufer der Berge schlängelt sie sich durch eine kaum bewohnte Region. Nur hin und wieder tauchen Ortschaften auf. Die kleinen Straßen dieser Dörfer sind kaum befestigt, die windschiefen Holzhütten geben mitunter ein Bild der Armut ab; oft aber sind ihre

Wände in allen Farben des Regenbogens bemalt. Attraktionen gibt es wenige, sodass der unscheinbare Obelisk, der an die erste Landung der Niederländer erinnern soll, gern als Sehenswürdigkeit bezeichnet wird.

Selbst Vieux Grand Port (S. 64), der, wie der Name es andeutet, einst wichtigste Hafen der Insel, ist heute ein unscheinbares Nest. Einen Besuch wert allerdings sind der unter Denkmalschutz stehende alte Friedhof und das Museum zur Geschichte der holländischen Besiedlung. Von nun an folgt die Straße der Küstenlinie. Linker Hand erhebt sich die 480 m hohe Montagne du Lion, deren Form – von Süden her – tatsächlich an einen liegenden Löwen erinnert. Hinter Providence weist in der Bucht Anse Jonchée ein Straßenschild den Weg zu den Naturparks Domaine du Chasseur (S. 63) und Ylang Ylang (S. 65), in denen man jagen, wandern und Tiere beobachten, aber auch sehr gut einkehren kann.

Bevor die Straße sich den Berg hinauf zur Domaine du Chasseur windet, passiert sie ein kleines Verwaltungsgebäude. Hier sollten Sie sich nach dem Zustand der Strecke erkundigen. Vor allem nach starken Regengüssen kann die Anfahrt problematisch werden. Knapp eine Viertelstunde dauert die Fahrt zum ✿ Restaurant *Le Panoramour (Tgl. 9–17 Uhr | Reservierung empfohlen | Tel. 634 50 11 | €€€).* Dort, in den Ausläufern der Bambou Mountains, fühlt man sich in eine Oase der Ruhe versetzt. Das einzige, was man hört, ist das Zwitschern der Vögel und Kreischen der Affen. In den Wäldern leben auch Javahirsche, die von den Niederländern aus Indonesien eingeführt wurden, außerdem Wildschweine. Viele Besucher kommen zur Wildbeobachtung, andere zur Jagd, da hier eine Trophäe (fast) garantiert ist. Das Restaurant serviert folgerichtig unter anderem frische Wildgerichte.

Gute Gelegenheit, frische Wildgerichte zu essen – im Naturpark Domaine du Chasseur

Wem zum Mittagessen der Sinn nach Meeresfrüchten steht, der sollte sich mit einem Getränk an der Bar begnügen und sich bis **Bambous Virieux** gedulden. Nur wenige Kilometer weiter auf der B 28 Richtung Norden stehen an der **Pointe Bambou** die Steinhäuser des eigenwilligen Hotels *Le Barachois (tgl. 12–18 Uhr | Tel. 634 56 43 | €€€)* im flachen Wasser. Es ist von einer Austernzucht umgeben und bietet eine hervorragende Küche. Erst in dem Städtchen **Bel Air** *(S. 60)*, über das sich die Doppeltürme der Kirche Saint Esprit recken, verlassen Sie die B 28 und folgen der B 55 nach Westen in Richtung **Camp de Masque**.

Unterwegs präsentiert sich eine verschwenderische Natur. Vom Tal bis hinauf in die Höhen der Gebirgszüge **Fayence Mountains** und **Blanche Mountains** wachsen Hibiskussträucher, Bananenstauden, Palmen und Tausende wilder Blumen.

Von **Unité** aus fahren Sie auf der A 7 nach **Centre de Flacq** *(S. 59)*. Die Stadt liegt in der großen Ebene, eingebettet zwischen Zuckerrohrplantagen. Während der Zeit der französischen Herrschaft war die Region rund um Flacq eine der dichtest besiedelten und produktivsten Gegenden von Mauritius. Hier stand Anfang des 19. Jhs. die größte Zuckerraffinerie der Insel. Heute ist es um Flacq einsam geworden, nur an Markttagen herrscht reges Treiben.

Von Centre de Flacq aus folgen Sie der B 23 nach **Poste de Flacq** *(S. 59)*, wo auf einer Landspitze ein **Hindutempel** steht. Auf der anderen Seite der Bucht sind die Schemen des Hotels Saint Géran zu erkennen. Um

es zu erreichen, folgen Sie der B 62 Richtung Süden, vorbei am neuen Golfplatz des Hotels **Belle Mare Plage** *(S. 58)*. An der Gabelung biegen Sie dann links zum **Le Saint Géran** *(S. 59)* ab, einem der schönsten Hotels der Insel. Hier lassen Sie den Tag am besten bei einem Cocktail oder mit einem Besuch im Kasino ausklingen.

2 „SÜDWESTPASSAGE": DURCH ALLE KLIMAZONEN

Große Teile im Süden der Insel vermitteln noch heute einen Eindruck davon, wie Mauritius vor der Besiedlung ausgesehen hat. Die vorgeschlagene Route ist etwa 60 km lang und nimmt einen Tag in Anspruch.

Die Tour beginnt südlich von Floréal und Curepipe, dort, wo sich die B 3 und die B 70 treffen, und folgt der kleinen Landstraße nach Süden in Richtung Le Pétrin.

Die Landschaft wird hügelig, Kiefernwälder dehnen sich aus. Die Gegend macht fast einen nordischherben Eindruck. Nach etwa 10 km erreicht man das **Mare aux Vacoas** *(S. 78)*, den größten Süßwassersee der Insel. Er wird sowohl als Trinkwasserreservoir genutzt als auch für den Betrieb eines Wasserkraftwerks. Ein Damm versperrt die Sicht auf den See. Alle paar hundert Meter jedoch gibt es Treppen, über die man die Dammkrone erreichen kann. Sie befinden sich hier fast 600 m über dem Meer, und noch immer führt die Straße bergauf.

Le Pétrin *(S. 69)* verdient es schwerlich, ein Ort genannt zu werden. Wenige Häuschen stehen hier. Nicht zu übersehen ist deshalb der große Wegweiser zur Shivaratree-Tempelanlage am **Grand Bassin** *(S. 69)*, dem heiligen See der Hindus. Schon entlang der schnurgeraden Straße stehen kleine Schreine. Um so überraschender ist der Anblick der großen Windkraftanlage am Pilgerparkplatz. Mauritius nutzt hier die südöstlichen Passatwinde als Energiequelle.

Von anderer Art ist die Energie, die sich die Hindus von einem Besuch des Grand Bassin versprechen. Laut einer Legende legte Shiva bei einer seiner Weltumrundungen eine Pause auf Mauritius ein. Von einer Amphore auf seinem Kopf, die mit heiligem Wasser aus dem indischen Fluss Ganges gefüllt war, verschüttete er ein wenig, und die Tropfen fielen in den Krater von Grand Bassin. So entstand der See.

Wenn im Februar/März das Maha Shivaratree gefeiert wird, das größte Hindufest außerhalb Indiens, versammeln sich hier Hunderttausende von weiß gekleideten Gläubigen. Tanzend, betend und singend steigen sie in den See und streuen Blumenopfer aus. Den Rest des Jahres ist es ruhig. Halbzahme Affen springen herum und zeigen wenig Respekt vor Opfergaben. Bei gutem Wetter lohnt sich der Aufstieg über eine Treppe zum 700 m hohen Gipfel des ✳ **Piton Grand Bassin**.

Sie fahren zurück nach Le Pétrin auf die Hauptstraße und biegen links ab Richtung Süden. Über die bewaldete Hochebene **Plaine Champagne** *(S. 69)* erreichen Sie das Naturschutzgebiet **Macchabée Bel Ombre**, gewissermaßen das Dach von Mauritius. Die Landschaft ist karg, rau, bisweilen abweisend, alles andere als tropisch, doch allmählich ändert sich das Bild entlang der 20 km langen Strecke nach **Chamarel**. Die holprige Straße nimmt zahllose Kurven, und immer wieder biegen kleine Pfade ab in die verborgenen Winkel des Hochlands.

Farbenfrohe Statuen am Grand Bassin, dem heiligen See der Hindus

Schilder mit der Aufschrift „View Point" weisen auf Aussichtspunkte hin, darunter den über die Alexander Falls. Dann geht es durch Wälder dichten Gestrüpps hin zu steilen Klippen und spektakulären Schluchten: Bilder einer urwüchsigen Dschungellandschaft.

Der wohl schönste Aussichtspunkt ist Black River Gorges, etwa 8 km von Le Pétrin entfernt. 200 m vom Parkplatz entfernt öffnet sich der Blick auf einen gewaltigen Wasserfall. Die Schlucht, die der Fluss hier in den Berg gefressen hat, setzt sich fort bis zum Ozean. Bei guter Sicht ist die Tamarin-Ebene zu erkennen wie auch der Black River Peak (S. 70), mit 828 m der höchste Berg der Insel. Ein dürftig beschilderter Wanderpfad zum Gipfel beginnt wenige hundert Meter weiter südlich an der Straße; die Wanderung dauert etwa drei Stunden. Auf der Weiterfahrt empfiehlt sich eine Pause im Ausflugslokal **Varangue sur Morne** (tgl. 11.30–15.30 Uhr | Tel. 483 57 10 | €€–€€€) mit seiner Veranda über Bananen- und Ananasplantagen.

Die Straßen werden schlechter, die Kurven enger, die Schlaglöcher tiefer. In Chamarel (S. 68) biegen Sie ab nach Süden und folgen in Cachette den Hinweisschildern nach Terres des Sept Couleurs (S. 68). Fortan geht die Fahrt durch Zuckerrohrfelder. Erste Attraktion auf diesem Privatweg ist linker Hand der 90 m hohe Wasserfall Cascade Chamarel. Das Ziel aber ist das seltsame geologische Phänomen der „farbigen Erde". Sanft gewellt liegt hier inmitten der üppigen tropischen Vegetation eine Reihe nackter Hügel. Auf den ersten Blick scheinen sie rostrot zu sein, tatsächlich aber schimmert ihr oxidiertes Lavagestein in sieben Farbtönen.

Zurück auf der Hauptstraße führt die Route bergab in Richtung

Auch das Makakenäffchen schätzt zuweilen einen kleinen Imbiss

Süden nach Baie du Cap. Da die Straße endlich ausgebaut und frisch geteert wurde, kann auch der Fahrer die herrliche Aussicht genießen. Eine nicht minder schöne Variante führt zurück nach Chamarel und dann an die Westküste nach Case Noyale. Auf beiden Routen verlässt man rasch die Hochebene und nähert sich auf schmalen, kurvigen Straßen der Küste. Die Aussicht ist oft grandios: Bis zum Horizont schimmert das Meer, die Temperatur steigt mit jedem Meter und damit auch die Erwartung auf ein kühles Getränk und/oder ein Bad im Ozean.

EIN TAG AUF MAURITIUS
Action pur und einmalige Erlebnisse.
Gehen Sie auf Tour mit unserem Szene-Scout

FLIPPER & CO.

8:00

Delphinschwimmen kann fast jeder, mit Delphinen schwimmen hingegen funktioniert nur an wenigen Orten auf der Welt. Skipper Alain weiß, wie er seine Lieblinge findet. Sobald Flipper & Co. auftauchen, springt man mit Schnorchel und Flossen ins Wasser und hat Spaß, wenn die Meeressäuger Pirouetten drehen und unter einem durchtauchen. **WO?** *Abfahrt am Islands Sports Hotel, Black River | Veranstalter: Dolswim | Tel. 258 92 81 | Preis: ca. 25 Euro | http://dolswim.intnet.mu*

9:30

DIE PERFEKTE WELLE

Wieder an Land heißt es rauf aufs Brett und über die Wellen sausen. *Club Mistral* bietet einen zweistündigen Schnupperkurs für Einsteiger. Danach hat sich jeder einen Snack verdient. Direkt am Strand bei Sandwich und Cola kurz verschnaufen. **WO?** *Preis: Schnupperkurs inkl. Boardmiete 35 Euro | Infos und Boardbuchungen über Tel. +49/881/925 49 60 | www.club-mistral.com*

JUNGLETIME

12:00

Von einem Taxi zum nächsten Abenteur bringen lassen. Seile, Hängebrücken, Baumstämme – im Hochseilgarten *Parc Aventure Chamarel* gibt es fast nichts, was nicht bezwungen werden soll. Mutige wagen sich an den *Aventure Course*. Mit ein bisschen Glück trifft man sogar auf Affen in freier Wildbahn! **WO?** *Nähe Coloured Earth | Tel. 234 53 85 | Eintritt ca. 22 Euro | www.parc-aventure-chamarel.com*

13:30

COOKING DE LUXE

Action macht hungrig und das Essen im Hotel *Le Prince Maurice* stellt alles Bisherige in den Schatten. Doch wer glaubt, er bekommt seinen Lunch einfach serviert, liegt falsch. Hier muss der Gast selbst ran an Herd und Garnelen und unter Anleitung des Chefs kochen. Als Erinnerung gibt's ein Hotelkochbuch zum Mitnehmen. **WO?** *Choisy Road, Poste de Flacq | Tel. 402 36 36 | Kosten: ca. 80 Euro | www.princemaurice.com*

24 h

WASSERFARBEN

16:00

Maler gibt es einige, aber Unterwassermaler? Auf Mauritius genau einen: Jean-Michel Langlois. Zusammen mit ihm geht man auf Tauchstation, und wer ihn nett fragt, darf vielleicht mit dem wasserfesten Malzeug selbst seiner Kreativität freien Lauf lassen. **WO?** *Blues Diving Centre im Hotel Constance Belle Mare Plage, Poste de Flacq | Tel. 402 26 00 | Preis: 50 Euro | www.bluesdiving.net*

17:30

JEEPSAFARI

Ein Jeep steht für eine Fahrt in den Sonnen-untergang bereit. Es geht durch die Domaine du Chasseur, vorbei an wilden Orchideen, Eukalyptusbäumen, Ebenholz und Palmen, die sich in der Abendsonne rot färben. Doch das Schauspiel ist noch nicht zu Ende. Wenn plötzlich Affen, Hirsche oder seltene Vogelarten aus ihren Verstecken kommen, wird es spannend. **WO?** *MTTB Mautourco | Tel. 670 43 01 | Preis auf Anfrage | www.mttb.com*

SUSHI À LA MAURITIUS

21:00

Sushi auf Mauritius! Passt nicht? Passt doch! Denn der Fisch ist garantiert fang-frisch. Im Restaurant *Sakura* in der Grand Baie bestellt man am besten Nigiri Sushi vom Blauen Marlin und lässt es sich auf der Zunge zergehen. Ebenfalls unbedingt probieren: Tunfisch, Oktopus und Königskrabbe. **WO?** *Les Galeries Dabee, Royal Rd., Grand Baie | Tel. 263 57 00*

23:00

DO THE SÉGA

Auf zum Partyhopping, die Beats locken. Man startet im *Les Enfants Terribles*, wechselt zum *Bounty Club* und landet schließlich im *Buddha Club*. Alle haben eines gemeinsam: die *Séga*. Der modern interpretierte, traditionelle Tanz mit erotischem Touch hat in jedem Club Einzug gehalten. Also kurz den anderen zusehen und dann selbst die Hüften schwingen. **WO?** *Grand Baie*

> PARADIES FÜR LAND- UND WASSERRATTEN

Auf Mauritius bleibt kaum ein sportlicher Wunsch unerfüllt

> **Die sportlichen Vorlieben der Mauritier für Cricket und Pferderennen muten britisch an. Fußball und Leichtathletik sind ebenfalls bei Einheimischen sehr beliebt.**
Urlaubern steht eine breite Palette an Sportangeboten zur Verfügung. Die ruhige, strömungsarme Lagune bietet sich für Wassersport geradezu an, Wellenreiter kommen nur bei Tamarin auf ihre Kosten.

Das Sportangebot der Hotels ist auf Anfänger und Fortgeschrittene zugeschnitten – kaum ein Wunsch bleibt offen. Für Entspannung sorgen die Wellnesszentren (Spas) und Massagesalons der Hotels.

■ EXTREMSPORTARTEN

Canyoningtouren, Klettern und Jeepsafaris bieten *Aqualondë (Péreybère | Tel./Fax 263/92 87), Yemaya Adventures (Patrick Haberland | Tel. 752/00 46)* und *Espace Aventure (Tel. 375/36 95 | Fax 674/37 20)* an.

> *www.marcopolo.de/mauritius*

SPORT & AKTIVITÄTEN

Langstreckenläufer der Insel ▶▶ trainieren ab November meist samstags gegen 7 Uhr in den Schluchten des Black Rivers sowie an den Hängen des Le Pouce, um sich auf den Royal Raid vorzubereiten (100-km- oder 35-km-Geländelauf), der Ende April stattfindet. Information bei Jean Maurice *(royalraid@yahoo.com.au |* *Tel. 250 36 71)* oder Yan *(Tel. 785 61 77)*. Im Internet: *www.royal-raid.com*

▰ FAHRRADTOUREN ▰

Alle Hotels verleihen Fahrräder. Besonders geeignet für Radtouren sind die verkehrsärmeren Strecken entlang der Ostküste, die Blue-Bay-Halbinsel im Südosten, der Morne Brabant sowie die Nordspitze der Insel bei Cap Malheureux. Etwas anspruchsvollere Strecken finden Mountainbiker in den Bergen der Domaine du Chasseur und im Black River Gorges National Park.

GOLF

Mehrere Hotels haben wunderschöne Golfplätze angelegt. Zu den schönsten zählen die zwei 18-Loch-Championship-Parcours (Par 71) des Belle Mare Plage. Ein weiterer bemerkenswerter 18-Loch-Golfplatz der Ostküste befindet sich auf der Badeinsel Ile aux Cerfs *(www.ileaux cerfsgolf.com)*. Anspruchsvoll und herrlich gelegen ist auch das 18-Loch-Terrain (Par 72) der Hotels Le Paradis und Dinarobin am Morne Brabant, das öffentlich zugänglich ist. Die Westküste erhielt mit *Tamarina* einen weiteren öffentlichen 18-Loch-Platz (Par 72). In der neu erschlossenen Südregion ist mit dem *Bel Ombre Golf* (18 Loch, Par 72) eine beeindruckende Anlage entstanden. In Vacoas können Golfer im *Gymkhana Club* (18 Loch, Par 68) Mitglieder auf Zeit werden, *Mo–Fr ab 5.30 Uhr | Green Fee 25 Euro | Plaine Williams.*

HOCHSEEFISCHEN

Mauritius gilt als Dorado für Sportfischer. Verschiedene Clubs bieten professionell ausgestattete Boote mit erfahrener Crew an. Für eine sechsstündige Angelpartie bezahlt man etwa 400 Euro; selten kehren die Yachten ohne Fang zurück. Hauptsaison für den begehrten Blauen Marlin ist von November bis April; Haie, Bonitos, Barrakudas und Tunfische beißen das ganze Jahr hindurch an. Buchungen und Informationen bei: *Vagabond | Flic en Flac | Tel. 721/33 18; J. P. Henry Charter Ltd. | Tel. 483/50 60; Corsaire Club | Trou aux Biches | Tel. 265/52 09; Killer Sport Fishing | Trou aux Biches | Tel. 729/08 91; Sportfisher | Grand Baie | Tel. 263/83 58*

Die Segel sind schon eingeholt, die Sonne geht auch langsam unter

■ SPORT & AKTIVITÄTEN

■ REITEN

Auf dem Rücken der Pferde kann man die Strände von Belle Mare, Trou aux Biches und Flic en Flac erleben. Viele Hotels organisieren Ausritte (Kosten ca. 25 Euro für 30 Minuten). Kutschfahrten werden von den Hotels Coco Beach, Sugar Beach, La Pirogue sowie auf der Domaine Les Pailles angeboten. Erfahrene Reiter finden im Westen bei der „Ranch" in Rivière Noire *(Tel. 483 54 78 | ab 40 Euro)* ihr Glück.

■ SEGELN

Von Juni bis September weht vor allem an der Ostküste eine steife Brise. In den Hotels steht die nötige Ausrüstung bereit, und man erhält Hilfe und bei Bedarf Privatstunden. Katamarantouren bei: *Croisières Australes und Harris Wilson (Nordwestküste) | Tel. 676 36 95 | Fax 676/55 30; Croisières Turquoises (Ost- und Südostküste) Tel. 631/83 47.* Über Yachtcharter mit und ohne Crew informieren die Hotels sowie *Yacht Charter Ltd. | Grand Baie | Tel. 263/83 95.*

■ TAUCHEN

Über 50 interessante Reviere unterschiedlichen Niveaus sind per Boot innerhalb kurzer Zeit erreichbar. Tauchschulen (z. B. in Trou aux Biches und Cap Malheureux) bieten Kurse aller Niveaus nach internationalen Richtlinien an. Erfahrene Taucher sollten ihr Brevet, Logbuch und ein medizinisches Attest über Tauchtauglichkeit mitbringen. Der ▶▶ Verband mauritischer Hobbytaucher, Mauritian Underwater Group, trifft sich jeden Dienstag um 19.30 Uhr zum geselligen Beisammensein. *MUG | Railway Road | Phoenix | Tel. 696 53 68 | http://pages.intnet.mu/mug*

■ UNTERWASSER-SPAZIERGANG

Nicht einmal die Frisur wird in Mitleidenschaft gezogen, wenn man mit einem luftgefüllten Glaskasten auf den Schultern über den Meeresboden wandelt. Angeboten wird dieser Unterwasserspaziergang bei Belle Mare, Cap Malheureux, Blue Bay sowie im Norden (ca. 30 Euro für 30 Minuten). *Underseawalk Discovery | Tel. 423/88 22; Captain Nemo | Tel. 263/30 77 u. 78 19*

■ WANDERN

Vor allem die Bergwelt des Ostens und Südens bietet sich für Wanderungen an. Interessante Bergtouren sind der 1,5-stündige Aufstieg auf den Montagne du Lion (480 m) bei Vieux Grand Port und die Besteigung des Le Pouce (812 m) bei Port Louis (2–3 Stunden bis zum Gipfel). Kletterfreunde können den spitzen Pieter Booth (823 m) erklimmen. Geführte Wanderungen werden von der *Domaine du Chasseur (im Osten | Tel. 634/50 97)* und vom Ausflugsveranstalter *Connections (Tel. 696/99 33)* angeboten.

■ WINDSURFEN

Die Lagune ist ein ideales Revier für Wind- und Kitesurfer. Alle Hotels stellen Bretter kostenlos zur Verfügung, auch Kurse werden angeboten. Könner schätzen zwischen Juni und Oktober das anspruchsvolle Gebiet vor der ==Südspitze der Morne-Brabant-Halbinsel.== *Insider Tipp* *www.mauritiu surf.com*

> WASSERSPASS UND TROPISCHES LEBEN

Auf Mauritius können Kinder ihren Spaß im Wasser haben und außerdem noch eine fremde Kultur erobern

> **Kinder sind auf Mauritius gern gesehene Gäste. Das liegt sicher auch daran, dass Familien mit sechs oder mehr Sprösslingen auf der Insel keine Seltenheit sind.** In der seichten, warmen Lagune ohne gefährliche Strömungen und Wellen können Kinder problemlos im Wasser spielen. Mit etwas Fantasie entstehen aus Sand, Muscheln und Korallenstücken Schlösser und Burgen. Vor allem zu Weihnachten, Ostern und im Juli/August wohnen

Altersgenossen in großer Zahl in den Hotels, und es gibt besonders viel Abwechslung.

Ins Gepäck gehören auf jeden Fall Badesachen, wasserfeste Sonnencremes und ein Sonnenhut. Zweckmäßig sind auch Badeschuhe zum Schutz gegen Seeigel und scharfkantige Korallenstücke.

Die Strandhotels sind im Allgemeinen ausgesprochen familienfreundlich. Wer jedoch mit Anhang

MIT KINDERN REISEN

nach Mauritius reist, sollte bereits bei der Buchung darauf achten, dass die gewählte Unterkunft auf Kinder eingestellt ist. Wichtig sind sicher ein flacher Pool und ein umfangreiches Freizeitprogramm. Kinderermäßigungen variieren je nach Saison. Zu vielen Anlagen gehören Miniclubs, gut ausgestattete und kindgerecht eingerichtete Tagesstätten, in denen sich professionelle Teams um die 3- bis 12-Jährigen kümmern. Es werden von morgens bis spätnachmittags Sportkurse, Theateraufführungen, Kostümfeste und Abenteuerspiele angeboten, selbst Filme und spezielle Menüs stehen auf dem Programm. Auch wenn die meisten Aktivitäten auf Englisch oder Französisch stattfinden, werden Kinder aller Nationalitäten problemlos integriert.

Einige Hotels, darunter Coco Beach, La Pirogue, Sugar Beach, Touessrok und Mövenpick Voile d'Or, bieten zusätzlich besondere Räume und ein Freizeitprogramm für Teens an. Die Mitarbeiter der soge-

nannten *@sungeneration.com-Clubs* sorgen dafür, dass den jungen Leuten nicht langweilig wird. Zum Programm gehören Ausflüge und Diskoabende. PCs mit Internetanschluss und einer großen Auswahl an Spielen stehen zur Verfügung. Alle Clubs sind kostenlos.

DER NORDEN

BOTANISCHER GARTEN [116 B5]

Ein beliebtes Ausflugsziel ist der botanische Garten von Pamplemousses mit seinem Riesenschildkrötengehege und der beeindruckenden Pflanzenwelt, die dortige Führer sehr anschaulich erklären. *Tgl. 8–17 Uhr | Eintritt geplant | Führung 50 Rupien pro Person (ab 14 Jahren)*

PÉREYBÈRE [116 C2]

Am geschützten Strand des beliebten Badeorts können Kinder inmitten vieler einheimischer Familien herrlich plantschen. Der Ort liegt im Schatten des Trubels von Grand Baie, dessen Restaurants, Geschäfte und Cafés jedoch in nur wenigen Minuten erreicht sind.

UNTERWASSERFAHRTEN [116 B3]

Faszinierend sind Einblicke ins Leben unter Wasser, die man beim Tauchgang mit einem richtigen U-Boot gewinnt *(Blue Safari | Trou aux Biches | beim Coralia Mont Choisy Hotel | Tel. 263/33 33 | Fahrt ca. 3200 Rupien | Kinder 1800 Rupien).* Einzigartig ist die Fahrt mit einem Unterwasser-Scooter *(ebenfalls Blue Safari | 4200 Rupien für 2*

Personen pro Fahrzeug | 3200 Rupien für eine Person).

PORT LOUIS

DOMAINE LES PAILLES [119 D2]

Südlich von Port Louis ist diese Anlage ein lohnenswertes Ausflugsziel. Hier können die Kids eine Runde mit der nachgebildeten Eisenbahn oder in einer historischen Kutsche drehen. In der original nachgebauten Zuckermühle wird dargestellt, wie aus Zuckerrohr Zucker und Rum werden. *Preise variieren je nach Programm, www.domainelespailles.net*

HAFENRUNDFAHRT [U A2]

Vom Einkaufs- und Vergnügungskomplex *Caudan Waterfront* aus starten Rundfahrten *(tgl. 10–18.30 Uhr | Fahrt ca. 100 Rupien | Familienermäßigung),* die Einblicke in die Geschäftigkeit des riesigen Warenumschlagsplatzes ermöglichen.

DER OSTEN

DOMAINE DU CHASSEUR [125 E1]

Sehr abwechslungsreich ist ein Besuch dieses Jagdanwesens bei Anse Jonchée. Inmitten des naturbelassenen Walds kann man Hirsche und Wildschweine entdecken und mit ein wenig Glück den seltenen Mauritius-Turmfalken in freier Natur beobachten. *Tel. 634/50 97 | Preise variieren je nach Programm | www.dchasseur.com*

WATERPARK BELLE MARE LEISURE VILLAGE [121 E3]

Wer noch nicht genug Spaß im Wasser hatte, kommt in diesem Wasserpark zweifelsohne auf seine Kosten. Auf der Hochgeschwindigkeitsrutsche, im Wellenbad und im Kinderbecken mit Minirutschen können sich Kinder so richtig austoben. *Tgl. 10–15.30 Uhr | Eintritt 350 Rupien (Kinder 185 Rupien) | Handtücher sind mitzubringen | Tel. 415 26 26*

DER SÜDWESTEN

LA VANILLE RÉSERVE DES MASCAREIGNES [124 A5]

Im touristisch weniger erschlossenen Süden zieht vor allem die Krokodilfarm Familien an. Hier leben Tau-

tgl. 9.30–17 Uhr | Eintritt Mo–Fr 180 Rupien, Kinder 70 Rupien, Sa, So 135 Rupien, Kinder 55 Rupien

DER WESTEN

CASELA NATURE & LEISURE PARK [118 B4–5]

Bei der Vielfalt an Federvieh gerät Kind ins Staunen: Harry Potters Lieblingstiere beäugen einen mit starrem Blick, Papageien flattern durchs Gehege. Was ist der Unterschied zwi-

Mauritier haben viele Kinder, und sie lieben sie

sende der großschuppigen Reptilien. Spannend ist vor allem die Fütterung der Echsen am späten Vormittag (gegen 11 Uhr). Kleine Abenteurer können außerdem Riesenschildkröten streicheln, mit Affen um die Wette kreischen und Leguane anfauchen. *Senneville | Rivière des Anguilles |*

schen Lemur und Affe, zwischen Känguru und Wallaby? Hier gibt's die Antwort. Außerdem Minigolf, Angeln, Streichelzoo sowie gegen Gebühr Safaris (150 Rupien, Kinder 50 Rupien). *Royal Road | Cascavelle, Mai bis Okt. 9–17, Nov.–April 9–18 Uhr | Eintritt 150 Rupien | Kinder 50 Rupien*

> VON ANREISE BIS ZOLL

Urlaub von Anfang bis Ende: die wichtigsten Adressen und Informationen für Ihre Mauritiusreise

ANREISE

Fast jeder erreicht Mauritius heute mit dem Flugzeug. Air Mauritius *(Tel. 069/24 00 19 99)* fliegt die Insel von Deutschland, Österreich und der Schweiz in zehn bis elf Stunden direkt an. Weitere Direktflüge: Thomas Cook *(Tel. 01803/40 02 90)* und LTU *(Tel. 0211/941 83 33)*. Umsteigeverbindungen gibt es unter anderem mit Air France, British Airways und Emirates. Ein Flug kostet zwischen 650 und 1250 Euro, Pauschalangebote sind oft lohnenswert. Der internationale Flughafen liegt im Südosten der Insel bei Mahébourg. Regelmäßige Schiffsverbindungen aus Europa gibt es nicht mehr.

AUSKUNFT

MAURITIUS INFORMATIONSBÜRO

Mauritius Tourism Promotion Authority, c/o Aviareps Mangum, *Sonnenstr. 9 | 80331 München | Tel. 089/ 23 66 21-834 | mauritius@aviareps-mangum.com*

MAURITIUS TOURISM INFORMATION SERVICE (MTIS)

Kirchweg 5 | 8032 Zürich | Tel. 01/ 388 41 18 | Fax 388 41 03 | info@ prw.ch

MAURITIUS TOURISM PROMOTION AUTHORITY (MTPA)

11th Floor | Air Mauritius Centre | President Kennedy Street | Port Louis

> WWW.MARCOPOLO.DE

Ihr Reise- und Freizeitportal im Internet!

> Aktuelle multimediale Informationen, Insider-Tipps und Angebote zu Zielen weltweit ... und für Ihre Stadt zu Hause!

> Interaktive Karten mit eingezeichneten Sehenswürdigkeiten, Hotels, Restaurants etc.

> Inspirierende Bilder, Videos, Reportagen

> Kostenloser 14-täglicher MARCO POLO Podcast: Hören Sie sich in ferne Länder und quirlige Metropolen!

> Gewinnspiele mit attraktiven Preisen

> Bewertungen, Tipps und Beiträge von Reisenden in der lebhaften MARCO POLO Community: *Jetzt mitmachen und kostenlos registrieren!*

> Praktische Services wie Routenplaner, Währungsrechner etc.

Abonnieren Sie den kostenlosen MARCO POLO Newsletter ... Wir informieren Sie 14-täglich über Neuigkeiten auf marcopolo.de!

Reinklicken und wegträumen!
www.marcopolo.de

PRAKTISCHE HINWEISE

| Tel. 210/15 45 | Fax 212/51 42 |
www.mauritius.net

AUTO

Auf Mauritius herrscht Linksverkehr. Im Kreisverkehr gilt rechts vor links. Die Geschwindigkeitsbegrenzung beträgt 50 km/h in Orten, sonst 80 km/h. Der Motorway zwischen dem Flughafen im Süden und Grand Baie im Norden ist gut ausgebaut. Der Rest des etwa 1600 km langen Straßennetzes besteht vor allem aus schmalen, kurvenreichen Landstraßen.

BUSSE

Öffentliche Busse fahren fast jeden Ort an, sind die preiswerteste Art zu reisen und vermitteln Einblicke in das Leben der Bevölkerung. Jede Stadt hat einen zentralen Busbahnhof. In den Stadtbezirken verkehren die Busse von 5.30 bis 20 Uhr, auf dem Land von 6.30 bis 18.30 Uhr.

Fahrscheine gibt es nur beim Schaffner.

DIPLOMATISCHE VERTRETUNGEN

DEUTSCHES HONORARKONSULAT AUF MAURITIUS
Royal Road | St Antoine | Goodlands | Tel./Fax 283 75 00

HONORARKONSULAT SCHWEIZ
2 Jules Koenig Street | Port Louis | Tel. 208/87 63 | Fax 210 33 47

HONORARKONSULAT ÖSTERREICH
c/o MSC House, Old Quay D Road | Port Louis | Tel. 202 68 08 | Fax 217 47 47

EIN- & AUSREISE

Deutsche, Österreicher und Schweizer benötigen für Aufenthalte bis zu

WAS KOSTET WIE VIEL?

SNACK	CA. 20 CENT	für eine *samoussa* (Teigtasche) auf der Straße
KAFFEE	KNAPP 2 EURO	für eine Tasse im Hotel
WEIN	3,80 EURO	für eine 0,25-l-Karaffe
ANANAS	CA. 1 EURO	pro Stück auf dem Markt
BENZIN	CA. 90 CENT	für 1 l Super
TAXI	10 EURO	pro Stunde

drei Monaten einen mindestens noch sechs Monate gültigen Reisepass und ein Rückreiseticket. Kinder brauchen einen Ausweis (ab sechs Jahren mit Foto). Wer aus Cholera- oder Gelbfiebergebieten einreist, muss Impfbescheinigungen vorlegen.

FOTOGRAFIEREN

Es ist verboten, am Flughafen, im Hafen und rund um Kasernen zu fotografieren. Fotomaterial ist teurer als in Deutschland.

GELD & BANKEN

Rupien (1 Rupie = 100 Cents) tauscht man am günstigsten bei der Ankunft am Flughafen ein; auf keinen Fall bereits in Deutschland. Es werden Bargeld und Reiseschecks akzeptiert. Die Wechselkurse in den Hotels sind oft ungünstig. Banken gibt es in allen größeren Orten *(Mo–Do 9.15–15.15, Fr 9.15–17 Uhr)*. Mit Geheimnummer kann man an Geldautomaten mit gängigen Kreditkarten – die auch alle Hotels und größere Geschäfte akzeptieren – Bargeld ziehen.

GESUNDHEIT

Auf Mauritius gibt es keine epidemischen Tropenkrankheiten, auch vor giftigen Tieren muss man sich nicht fürchten. Die Insel ist praktisch malariafrei. Hoher Sonnenschutz ist unabdingbar. Leitungswasser sollte man nicht trinken.

Wegen Seeigeln und scharfer Korallen sollten Sie im seichten Wasser Badeschuhe tragen. Auch kleine Wunden müssen sofort ausgewaschen und desinfiziert werden. Seeigelstachel sollten vom Arzt entfernt werden. Bei Verdauungsschwierigkeiten hilft ein Löffel der schwarzen Papayakerne.

Die meisten Hotels arbeiten mit Vertragsärzten zusammen. Eine Auslandskrankenversicherung ist zu empfehlen. Das Angebot an Medikamenten in den Apotheken *(Pharmacy)* entspricht europäischem Standard. Müssen Sie in ein Krankenhaus, haben Sie die Wahl zwischen staatlichen Hospitälern, die auch Touristen kostenlos behandeln, und Privatkliniken, in denen Sie bar bezahlen müssen. In schweren Krankheitsfällen sind unbedingt die Privatkliniken anzuraten.

> BLOGS
Gute Tagebücher und Files im Internet

> http://realtravel.com/mauritius-travel-blogs-d546-3.html – Der Leser ist eingeladen, seine Impressionen ins Netz zu stellen. Gute Möglichkeit für alle, aktuelle Tipps und Reiseerlebnisse auf dieser Plattform auszutauschen.

> www.travelblog.org/Africa/Mauritius – Dieses englischsprachige Blog ist eine Mischung aus Landeskunde und Urlaubsimpressionen.

> www.travelpod.com/travel-blog-country/Mauritius/tpod.html – Viele schöne Fotos zum Schwelgen sowie nützliche Links z. B. zu Unterkünften und Autovermietern.

> http://flicenflac.blogspot.com – Wie lebt es sich eigentlich in Flic en Flac? Der Mauritier Rowy verbloggt seinen Alltag.

> http://pascalg.wordpress.com – Pascal, Dozent an der Uni von Mauritius, bloggt nicht nur über die Insel, sondern auch über den Rest der Welt.

PRAKTISCHE HINWEISE

KLINIKEN

Clinique Darné | Rue Georges Gilbert | Floréal | Tel. 601/23 00 | Fax 696/36 12; Clinique du Nord | Royal Road | Baie du Tombeau | Tel. 247/25 32 | Fax 12 54

INTERNET

Unter www.airmauritius.com informiert die Fluggesellschaft über Flugverbindungen zur Insel und über Hubschrauberrundflüge dort; außerdem gibt es grobe Informationen zu Land und Leuten. Offizielle Sites des Fremdenverkehrsamts sind www.my-mauritius.de und www.tourism-mauritius.mu. Für Touristen ist die Sammlung www.mauritius.net ideal, deren englischsprachige Links von Sehenswürdigkeiten und einem Veranstaltungskalender bis zu Buchungsmöglichkeiten reicht. Ewas unternehmensbezogener ist die deutsche Site www.info-mauritius.com. Bei der Auswahl einer Unterkunft sind www.inselmauritius.de und www.mauritius-ferien.de (dt.) sowie www.mauritius.com (engl.). Auf deutsche Webadressen verweist www.mauritius-links.de. Sehr detailliert berichtet die Handelskammer unter www.mcci.org über alle denkbaren Aspekte der Insel, Schwerpunkt sind Wirtschaft und Gesellschaft. Aktuelle Meldungen entnimmt man den Tageszeitungen unter www.lexpress.mu, www.lemauricien.com und www.lematinal.com. Über das Wetter informiert www.mauritius-weather.net, aktuelle Wind- und Wellenmeldungen für Surfer verbreitet www.windguru.cz. Wer sich für Flora und Fauna interessiert, wird auf der englischsprachigen Site www.mauritian-wildlife.org fündig.

INTERNETCAFÉS

Die meisten Hotels stellen ihren Gästen einen Internetanschluss gegen Gebühr zur Verfügung. Cybercafés gibt es u. a. in Port Louis *(Telecom Tower | Edith Clavell Street | Tel. 203/72 77)*, Curepipe *(Impasse Pot de Terre | Tel. 676/18 63)*, Quatre Bornes *(Orchard Centre | Tel. 424/05 75)* und Grand Baie *(Centre Commercial Super U)*.

KLEIDUNG

Es empfiehlt sich, leichte Strand- und Straßenkleidung mitzunehmen. In der Stadt und zumal bei Besuchen in Restaurants sollte man keine Badekleidung tragen. Als unhöflich gilt es, wenn sich Männer dort mit offenem Hemd zeigen. Von Juni bis September können abends leichte Pullover nötig werden. Regenschirm bzw. Regenmantel gehören bei jeder Tropenreise ins Gepäck. Das Tragen einer Krawatte wird nicht einmal in Luxushotels erwartet.

KLIMA

Hauptsaison ist zwischen November und April. Dann herrscht zwar die sogenannte Regenzeit, doch halten die Niederschläge selten lange an. Die Luftfeuchtigkeit liegt bei 90 Prozent. Die Tagestemperaturen betragen durchschnittlich 30 Grad. Die Wassertemperaturen erreichen um die 25 Grad. An der windgeschützten Westküste liegen die Durchschnittstemperaturen drei bis vier Grad höher, im zentralen Hochland dagegen um fünf Grad niedriger. Im mauritischen Winter (von Mai bis Oktober) ist es etwa sieben Grad kälter als im Sommer.

MASSEINHEITEN

Kilometer und Meilen, Kilogramm und englische Pfund werden noch immer abwechselnd verwendet, obwohl 1994 offiziell das Dezimalsystem eingeführt wurde.

MEDIEN

Es gibt drei Fernsehsender, die abwechselnd in Französisch, Englisch und Hindi ausstrahlen. Die großen Hotels haben eigene Videokanäle bzw. Satelliten-TV. Deutschsprachige Zeitungen sind nur verspätet in größeren Hotels erhältlich.

MIETWAGEN

Mietwagen gibt es ab 50 Euro am Tag zzgl. 15 Prozent Steuern und Versicherung; Mindestalter: 21 Jahre. In den Monaten Dezember und Januar empfiehlt sich eine rechtzeitige Reservierung.

NOTRUF

Polizei: *Tel. 999,* Krankenwagen: *Tel. 114* und Feuerwehr: *Tel. 995*

ÖFFNUNGSZEITEN

Geschäfte haben uneinheitlich geöffnet: In Port Louis Mo–Fr 9–17, Sa 9–12 Uhr. In Curepipe, Quatre Bornes, Rose Hill und Centre de Flacq Donnerstagnachmittag geschlossen, dafür aber Samstag bis 18 Uhr und Sonntag 9–12 Uhr geöffnet. Märkte finden offiziell von 6 bis 18 Uhr statt, doch vor 8 Uhr haben nur wenige Stände geöffnet.

POST

Große Postämter gibt es am Hafen in Port Louis und in Curepipe neben dem Markt. Aber fast jedes Dorf hat ein *Post Office.* Öffnungszeiten: *Mo–Fr 8–11 u. 12–16, Sa 9–11 Uhr.* Eine Postkarte nach Europa kostet je nach Größe bis zu 16 Rupien, ein Brief 32 Rupien.

STROM

220/230 V Wechselstrom, englische Stecker. Adapter kann man auf Mauritius kaufen bzw. bekommt man an der Hotelrezeption.

TAXI

Taxis haben selten Taxameter. Man muss den Fahrpeis vor der Fahrt aushandeln und sollte pro Kilometer nicht mehr als 25 Rupien zahlen. Die Fahrt vom Flughafen nach Port Louis kostet etwa 700 Rupien. Taxis können Sie auch für den ganzen Tag mieten.

TELEFON & HANDY

Vorwahlen: Deutschland 02049, Schweiz 02041, Österreich 02043. Vorwahl Mauritius 00230.

Ein Dreiminutengespräch nach Deutschland kostet ca. 6 Euro aus einem Postamt oder der Telefonzelle. Telefonkarten erhält man bei Mauritius Telecom bzw. in Geschäften. Ortsgespräche kosten aus einer Telefonzelle 3 Rupien pro Minute. Vom Hotel aus können Sie meist direkt wählen: ca. 9 Euro pro Minute. Handys der Netze D 1, D 2 und E-plus funktionieren auf der Insel. Auf angenommene Anrufe wird meist eine hohe Roaming-in-Gebühr erhoben.

Beim Roaming spart, wer das günstigste Netz wählt. Mit einer Prepaid-Karte des Gastlandes entfallen die Gebühren für eingehende Anrufe. Prepaid-Karten wie die von

GlobalSim (*www.globalsim.net*) oder Globilo (*www.globilo.de*) sind zwar teurer, ersparen aber ebenfalls alle Roaming-Gebühren. Und: Sie bekommen schon zu Hause Ihre neue Nummer. Immer günstig sind SMS. Hohe Kosten verursacht die Mailbox: noch im Heimatland abschalten!

TRINKGELD

Bedienungsgeld und 15 Prozent Steuer sind meist im Preis enthalten; dennoch ist ein Trinkgeld bis zu 10 Prozent üblich. Kofferträger bekommen pro Gepäckstück 10 Rupien, Zimmermädchen pro Tag 20 Rupien. Bei Taxifahrern rundet man auf.

ZEIT

Die Zeitverschiebung zwischen Mitteleuropa und Mauritius beträgt + 3 Stunden, während der Sommerzeit in Europa + 2 Stunden.

ZOLL

Ankunft auf Mauritius: Besucher ab 16 Jahren dürfen 200 Zigaretten oder 50 Zigarren oder 250 g Tabak, 1 l Spirituosen und 2 l Wein oder Bier sowie 25 ml Eau de Toilette zollfrei einführen. Die Einfuhr von Waffen, Betäubungsmitteln, Pornografie, Obst, Gemüse, Fleisch und Pflanzen ist verboten. Auf Drogen steht die Todesstrafe! Wer Haustiere mitbringen möchte, muss sie bei der Ankunft anmelden und ein Gesundheitsattest sowie eine Genehmigung des Gesundheitsministeriums vorlegen; Hunde und Katzen kommen trotzdem für 6 Monate in Quarantäne.

Ankunft in der EU: Zollfrei einführen darf man 1 l Spirituosen, 2 l Wein, 200 Zigaretten oder 50 Zigarren oder 250 g Tabak, 500 g Kaffee, 50 g Parfum, dazu sonstige Waren (ausgenommen geschützte Tiere) im Gesamtwert von 175 Euro. *www.zoll.de*

WETTER AUF MAURITIUS

Jan.	Feb.	März	April	Mai	Juni	Juli	Aug.	Sept.	Okt.	Nov.	Dez.
29	29	29	28	26	25	24	24	24	25	27	29

Tagestemperaturen in °C

Jan.	Feb.	März	April	Mai	Juni	Juli	Aug.	Sept.	Okt.	Nov.	Dez.
22	23	22	21	19	18	17	17	17	18	20	21

Nachttemperaturen in °C

Jan.	Feb.	März	April	Mai	Juni	Juli	Aug.	Sept.	Okt.	Nov.	Dez.
8	8	7	7	6	6	6	6	7	7	8	8

Sonnenschein Std./Tag

Jan.	Feb.	März	April	Mai	Juni	Juli	Aug.	Sept.	Okt.	Nov.	Dez.
17	16	18	17	14	15	16	16	10	8	9	12

Niederschlag Tage/Monat

Jan.	Feb.	März	April	Mai	Juni	Juli	Aug.	Sept.	Okt.	Nov.	Dez.
27	27	27	27	25	24	23	22	23	23	24	25

Wassertemperaturen in °C

„Sprichst du Französisch?" Dieser Sprachführer hilft Ihnen, die wichtigsten Wörter und Sätze auf Französisch zu sagen

Aussprache

Zur Erleichterung der Aussprache sind alle französischen Wörter mit einer einfachen Aussprache (in eckigen Klammern) versehen.

AUF EINEN BLICK

Ja./Nein.	Oui. [ui]/Non. [nong]
Vielleicht.	Peut-être. [pöhtätr]
Bitte.	S'il vous plaît. [sil wu plä]
Danke.	Merci. [märsi]
Gern geschehen.	De rien. [dö rjäng]
Entschuldigen Sie!	Excusez-moi! [äksküseh mua]
Wie bitte?	Comment? [kommang]
Ich verstehe Sie/dich nicht.	Je ne comprends pas. [schön kongprang pa]
Ich spreche nur wenig Französisch.	Je parle un tout petit peu français. [schparl äng tu pti pöh frangsä]
Können Sie mir bitte helfen?	Pouvez-vous m'aider, s.v.p.? [puweh wu mehdeh sil wu plä]
Sprechen Sie Deutsch/ Englisch?	Parlez-vous allemand/anglais? [parleh wu almang/anglä]
Ich möchte …	J'aimerais … [schämrä]
Das gefällt mir nicht.	Ça ne me plaît pas. [san mö plä pa]
Haben Sie …?	Avez-vous …? [aweh wu]
Wie viel kostet es?	Ça coûte combien? [sa kut kongbjäng]
Wie viel Uhr ist es?	Quelle heure est-il? [käl_ör ät_il]

KENNENLERNEN

Guten Morgen/Tag!	Bonjour! [bongschur]
Guten Abend!	Bonsoir! [bongsuar]
Hallo!/Grüß dich!	Salut! [salü]
Wie ist Ihr Name, bitte?	Comment vous appelez-vous? [kommang wus_apleh wu]
Wie heißt du?	Comment tu t'appelles? [kommang tü tapäl]
Wie geht es Ihnen/dir?	Comment allez-vous/vas-tu? [kommangt_aleh wu/wa tü]
Danke. Und Ihnen/dir?	Bien, merci. Et vous-même/toi? [bjäng märsi. eh wu mäm/tua]
Auf Wiedersehen!	Au revoir! [oh röwuar]
Tschüss!	Salut! [salü]

SPRACHFÜHRER FRANZÖSISCH

UNTERWEGS

AUSKUNFT

links/rechts	à gauche [a gohsch]/à droite [a druat]
geradeaus	tout droit [tu drua]
nah/weit	près [prä]/loin [luäng]
Bitte, wo ist …?	Pardon, où se trouve …, s.v.p.? [pardong, us truw … sil wu plä]
Wie weit ist das?	C'est à combien de kilomètres d'ici? [sät_a kongbjängd kilomätrö disi]

PANNE

Ich habe eine Panne.	Je suis en panne. [schö süis_ang pan]
Würden Sie mir bitte einen Abschleppwagen schicken?	Est-ce que vous pouvez m'envoyer une dépanneuse, s.v.p.? [äs_kö wu puweh mangwuajeh ün dehpanöhs sil wu plä]
Gibt es hier in der Nähe eine Werkstatt?	Est-ce qu'il y a un garage près d'ici? [äs_kil_ja äng garasch prä disi]
… ist defekt.	… est défectueux. [ä dehfäktüöh]

TANKSTELLE

Wo ist bitte die nächste Tankstelle?	Pardon, Mme/Mlle/M., où est la station-service la plus proche, s.v.p.? [pardong madam/madmuasäl/mösjöh u ä la stasjong särwis la plü prosch sil wu plä]
Ich möchte … Liter	… litres, s'il vous plaît [litrö sil wu plä],
Super.	du super. [dü süpär]
Diesel.	du gas-oil. [dü gasual]
bleifrei/mit … Oktan.	du sans-plomb/… octanes. [dü sang plong/… oktan]
Voll tanken, bitte.	Le plein, s.v.p. [lö pläng sil wu plä]

UNFALL

Hilfe!	Au secours! [oh skur]
Achtung!	Attention! [atangsjong]
Rufen Sie bitte schnell …	Appelez vite … [apleh wit]
… einen Krankenwagen.	… une ambulance. [ün_angbülangs]
… die Polizei.	… la police. [la polis]
… die Feuerwehr.	… les pompiers. [leh pongpjeh]
Es war meine Schuld.	C'est moi qui ai tort. [sä mua ki ä torr]

Es war Ihre Schuld.	C'est vous qui avez tort. [sä wu ki aweh torr]
Geben Sie mir bitte Ihren Namen und Ihre Anschrift!	Pouvez-vous me donner votre nom et votre adresse? [puweh wu mö donneh wottrö nong eh wottr_adräs]

ESSEN/UNTERHALTUNG

Wo gibt es hier …	Pourriez-vous m'indiquer … [purjeh wu mängdikeh]
… ein gutes Restaurant?	… un bon restaurant? [äng bong rästorang]
… ein nicht zu teures Restaurant?	… un restaurant pas trop cher? [äng rästorang pa troh schär]
Reservieren Sie uns bitte für heute Abend einen Tisch für vier Personen.	Je voudrais réserver une table pour ce soir, pour quatre personnes. [schwudrä räsehrweh ün tablö pur sö suar pur kat pärsonn]
Wo sind bitte die Toiletten?	Où sont les W.-C., s.v.p.? [u song leh wehseh sil wu plä]
Auf Ihr Wohl!	A votre santé!/A la vôtre! [a wottr sangteh/a la wohtr]
Bezahlen, bitte.	L'addition, s.v.p. [ladisjong sil wu plä]

ÜBERNACHTUNG

Können Sie mir bitte ein gutes Hotel empfehlen?	Pardon, Mme/Mlle/M., pourriez-vous recommander un bon hôtel? [pardong madam/madmuasäl/mösjöh purjeh wu rökommangdeh äng bonn_ohtäl]
Haben Sie noch …	Est-ce que vous avez encore … [äs_kö wus_aweh angkorr]
… ein Einzelzimmer?	… une chambre pour une personne? [ün schangbr pur ün pärsonn]
… ein Zweibettzimmer?	… une chambre pour deux personnes? [ün schangbr pur döh pärsonn]
… mit Bad?	… avec salle de bains? [awäk sal dö bäng]
… für eine Nacht?	… pour une nuit? [pur ün nüi]
… für eine Woche?	… pour une semaine? [pur ün sömän]
Was kostet das Zimmer mit Frühstück?	Quel est le prix de la chambre, petit déjeuner compris? [käl_ä lö prid la schangbr [pti dehschöneh kongpri]

SPRACHFÜHRER

ARZT

Können Sie mir einen
guten Arzt empfehlen?

Pourriez-vous recommander un
bon médecin, s.v.p.?
[purjeh wu rökommangdeh äng bong
mehdsäng sil wu plä]

Ich habe hier Schmerzen.

J'ai mal ici. [scheh mal isi]

BANK

Wo ist hier bitte …

Pardon, je cherche …
[pardong schö schärsch]

… eine Bank?

… une banque. [ün bangk]

Ich möchte Euro
(Schweizer Franken)
wechseln.

Je voudrais changer euro
(francs suisses).
[schwudrä schangscheh öroh (frang süis)]

POST

Was kostet …

Quel est le tarif pour affranchir …
[käl_ä lö tarif pur afrangschir]

… eine Postkarte …

… des cartes postales …
[deh kart postal]

… nach Deutschland?

… pour l'Allemagne? [pur lalmanj]

■ ZAHLEN ■■■■■■■■■■■■■■■■■■■■■■■■■■■

0	zéro [sehroh]	20	vingt [wäng]
1	un, une [äng, ühn]	21	vingt et un, une
2	deux [döh]		[wängt_eh äng, ühn]
3	trois [trua]	22	vingt-deux [wängt döh]
4	quatre [katr]	30	trente [trangt]
5	cinq [sängk]	40	quarante [karangt]
6	six [sis]	50	cinquante [sängkangt]
7	sept [sät]	60	soixante [suasangt]
8	huit [üit]	70	soixante-dix [suasangt dis]
9	neuf [nöf]	80	quatre-vingt [katrö wäng]
10	dix [dis]	90	quatre-vingt-dix
11	onze [ongs]		[katrö wäng dis]
12	douze [dus]	100	cent [sang]
13	treize [träs]	200	deux cents [döh sang]
14	quatorze [kators]	1000	mille [mil]
15	quinze [kängs]	2000	deux mille [döh mil]
16	seize [säs]	10000	dix mille [di mil]
17	dix-sept [disät]		
18	dix-huit [disüit]	1/2	un demi [äng dmi]
19	dix-neuf [disnöf]	1/4	un quart [äng kar]

> DO YOU SPEAK ENGLISH?

„Sprichst du Englisch?" Dieser Sprachführer hilft Ihnen,
die wichtigsten Wörter und Sätze auf Englisch zu sagen

Aussprache

Zur Erleichterung der Aussprache sind alle englischen Wörter mit einer einfachen
Aussprache (in eckigen Klammern) versehen. Folgende Zeichen sind Sonderzeichen:

ə   nur angedeutetes „e" wie in bitte
θ   [s] gesprochen mit der Zungenspitze zwischen den Zähnen
'   die nachfolgende Silbe wird betont. Bei einer Hauptbetonung steht das Zeichen
     oben vor der Silbe, bei einer Nebenbetonung unten.

■ AUF EINEN BLICK

Ja./Nein.	Yes. [jäs]/No. [nɔu]
Vielleicht.	Perhaps. [pə'häps]/Maybe. ['mäibih]
Bitte.	Please. [plihs]
Danke.	Thank you. ['θänkju]
Vielen Dank!	Thank you very much.
	['θänkju 'wäri 'matsch]
Gern geschehen.	You're welcome. [joh 'wälkəm]
Entschuldigung!	I'm sorry! [aim 'sori]
Wie bitte?	Pardon? ['pahdn]
Ich verstehe Sie/dich nicht.	I don't understand. [ai dəunt andə'ständ]
Ich spreche nur wenig …	I only speak a bit of …
	[ai 'əunli spihk ə'bit əw …]
Können Sie mir bitte helfen?	Can you help me, please?
	['kən ju 'hälp mi plihs]
Ich möchte …	I'd like … [aid'laik]
Das gefällt mir (nicht).	I (don't) like it. [ai (dəunt) laik_it]
Haben Sie …?	Have you got …? ['həw ju got]
Wie viel kostet es?	How much is it? ['hau'matsch is it]
Wie viel Uhr ist es?	What time is it? [wot 'taim is it]

■ KENNENLERNEN

Guten Morgen!	Good morning! [gud 'mohning]
Guten Tag!	Good afternoon! [gud ahftə'nuhn]
Guten Abend!	Good evening! [gud 'ihwning]
Hallo! Grüß dich!	Hello! [hə'ləu]/Hi! [hai]
Mein Name ist …	My name is … [mai näims …]
Wie ist Ihr/dein Name?	What's your name? [wots joh 'näim]
Wie geht es Ihnen/dir?	How are you? [hau 'ah ju]
Danke. Und Ihnen/dir?	Fine thanks. And you? ['fain θänks, ənd 'ju]

SPRACHFÜHRER ENGLISCH

Auf Wiedersehen!	Goodbye!/Bye-bye! [gudˈbai/baiˈbai]
Tschüss!	See you!/Bye! [sih ju/bai]
Bis morgen!	See you tomorrow! [sih ju təˈmərəu]

■ UNTERWEGS ■■■■■■■■■■■■■■■

AUSKUNFT

links/rechts	left [läft]/right [rait]
geradeaus	straight on [sträit ˈon]
nah/weit	near [niə]/far [fah]
Bitte, wo ist …?	Excuse me, where's …, please?
	[iksˈkjuhs ˈmih ˈweəs … plihs]
Bahnhof	station [ˈstäischn]
Bushaltestelle	bus stop [bas stop]
Flughafen	airport [ˈeəpoht]
Wie weit ist das?	How far is it? [ˈhau ˈfahr_is_it]
Ich möchte ... mieten.	I'd like to hire ... [aidˈlaik tə ˈhaiə]
... ein Auto .../... ein Fahrrad ...	… a car. [ə ˈkah]/…a bike. [ə ˈbaik]

PANNE

Ich habe eine Panne.	My car's broken down.
	[mai ˈkahs ˈbrəukn ˈdaun]
Würden Sie mir bitte einen Abschleppwagen schicken?	Would you send a breakdown truck, please? [ˈwud ju sänd ə bräikdaun trak plihs]
Gibt es hier in der Nähe eine Werkstatt?	Is there a garage nearby? [ˈis θeə_ə ˈgärahdsch ˈniərbai]

TANKSTELLE

Wo ist die nächste Tankstelle?	Where's the nearest petrol station?
	[ˈweəs θə ˈniərist ˈpätrəlstäischn]
Ich möchte … Liter …	… litres of … [ˈlihtəs əw]
… Normalbenzin.	… three-star, [ˈθrihstah]
… Super.	… four-star, [ˈfohstah]
… Diesel.	… diesel, [ˈdihsl]
… bleifrei/verbleit.	… unleaded/leaded, please.
	[anˈlädid/ˈlädid plihs]
Voll tanken, bitte.	Full, please. [ˈful plihs]

UNFALL

Hilfe!	Help! [hälp]
Achtung!	Attention! [əˈtänschn]

Vorsicht!	Look out! ['luk 'aut]
Rufen Sie bitte …	Please call … ['plihs 'kohl]
… einen Krankenwagen.	… an ambulance. [ən 'ämbjuləns]
… die Polizei.	… the police. [θə pə'lihs]
Es war meine Schuld.	It was my fault. [it wəs 'mai 'fohlt]
Es war Ihre Schuld.	It was your fault. [it wəs 'joh 'fohlt]
Geben Sie mir bitte Ihren	Please give me your name and address!
Namen und Ihre Anschrift.	[plihs giw mi joh 'näim ənd ə'dräs]

ESSEN/UNTERHALTUNG

Wo gibt es hier …	Is there … here? ['is θeər … 'hiə]
… ein gutes Restaurant?	… a good restaurant …[ə 'gud 'rästərohng]
… ein typisches Restaurant?	… a restaurant with local specialities …
	[ə 'rästərohng wiθ 'ləukl ,späschi'älitis]
Gibt es hier eine	Is there a nice pub here?
gemütliche Kneipe?	['is θeər_ə nais 'pab hiə]
Reservieren Sie uns bitte	Would you reserve us a table for four
für heute Abend einen	for this evening, please? ['wud ju ri'söhw
Tisch für vier Personen.	əs ə 'täibl fə foh fə θis 'ihwning plihs]
Die Speisekarte, bitte.	Could I have the menu, please.
	['kud ai häw θə 'mänjuh plihs]
Ich nehme ...	I'll have ... [ail häw]
Bitte ein Glas ...	A glass of ..., please [ə 'glahs‡əw ... plihs]
Auf Ihr Wohl!	Cheers! [tschiəs]
Bezahlen, bitte.	Could I have the bill, please?
	['kud ai häw θə 'bil plihs]
Wo sind bitte die Toiletten?	Where are the restrooms, please?
	['weərə θə 'restruhms plihs]

EINKAUFEN

Wo finde ich …?	Where can I find …? ['weə 'kən_ai 'faind]
Apotheke	chemist's [kämists]
Bäckerei	baker's [bäikəs]
Kaufhaus	department store [di'pahtmənt stoh]
Lebensmittelgeschäft	food store ['fuhd stoh]
Markt	market ['mahkit]

ÜBERNACHTUNG

Können Sie mir bitte …	Can you recommend …, please?
empfehlen?	[kən ju ,räkə'mänd … plihs]
… ein Hotel ...	… a hotel ... [ə həu'täl]
… eine Pension ...	… a guest-house ... [ə 'gästhaus]
Ich habe bei Ihnen ein	I've reserved a room.
Zimmer reserviert.	[aiw ri'söhwd_ə 'ruhm]

SPRACHFÜHRER

Haben Sie noch …	Have you got … [how ju got]
… ein Einzelzimmer?	… a single room? [ə 'singl ruhm]
… ein Doppelzimmer?	… a double room? [ə 'dabl ruhm]
… mit Dusche/Bad?	… with a shower/bath? [wiθ ə 'schauə/'bahθ]
… für eine Nacht?	… for one night? [fə wan 'nait]
… für eine Woche?	… for a week? [fə ə 'wihk]
Was kostet das Zimmer mit …	How much is the room with … ['hau 'matsch is θə ruhm wiθ]
… Frühstück?	… breakfast? ['bräkfəst]
… Halbpension?	… half board? ['hahf'bohd]
… Vollpension?	… full board? ['ful'bohd]

■ PRAKTISCHE INFORMATIONEN

ARZT

Können Sie mir einen guten Arzt empfehlen?	Can you recommend a good doctor? [kən ju ‚räkə'mänd ə gud 'doktə]
Ich habe hier Schmerzen.	I've got pain here. [aiw got päin 'hiə]

POST

Was kostet …	How much is … ['hau 'matsch is]
… ein Brief …	… a letter … [ə 'lätə]
… eine Postkarte …	… a postcard … [ə pəustkahd]
… nach Deutschland?	… to Germany? [tə 'dschöhməni]

■ ZAHLEN

0	zero, nought [siərəu, noht]	19	nineteen [‚nain'tihn]
1	one [wan]	20	twenty ['twänti]
2	two [tuh]	21	twenty-one [‚twänti'wan]
3	three [θrih]	30	thirty ['θöhti]
4	four [foh]	40	forty ['fohti]
5	five [faiw]	50	fifty ['fifti]
6	six [siks]	60	sixty ['siksti]
7	seven ['säwn]	70	seventy ['säwnti]
8	eight [äit]	80	eighty ['äiti]
9	nine [nain]	90	ninety ['nainti]
10	ten [tän]	100	a (one) hundred ['ə (wan) 'handrəd]
11	eleven [i'läwn]		
12	twelve [twälw]	1000	a (one) thousand ['ə (wan) 'θausənd]
13	thirteen [θöh'tihn]		
14	fourteen [‚foh'tihn]	10000	ten thousand ['tän 'θausənd]
15	fifteen [‚fif'tihn]		
16	sixteen [‚siks'tihn]	1/2	a half [ə 'hahf]
17	seventeen [‚säwn'tihn]	1/4	a (one) quarter ['ə (wan) 'kwohtə]
18	eighteen [‚äi'tihn]		

> Die Seiteneinteilung für den Reiseatlas finden Sie auf dem hinteren Umschlag dieses Reiseführers.

Mit freundlicher Unterstützung von

REISEATLAS
MAURITIUS

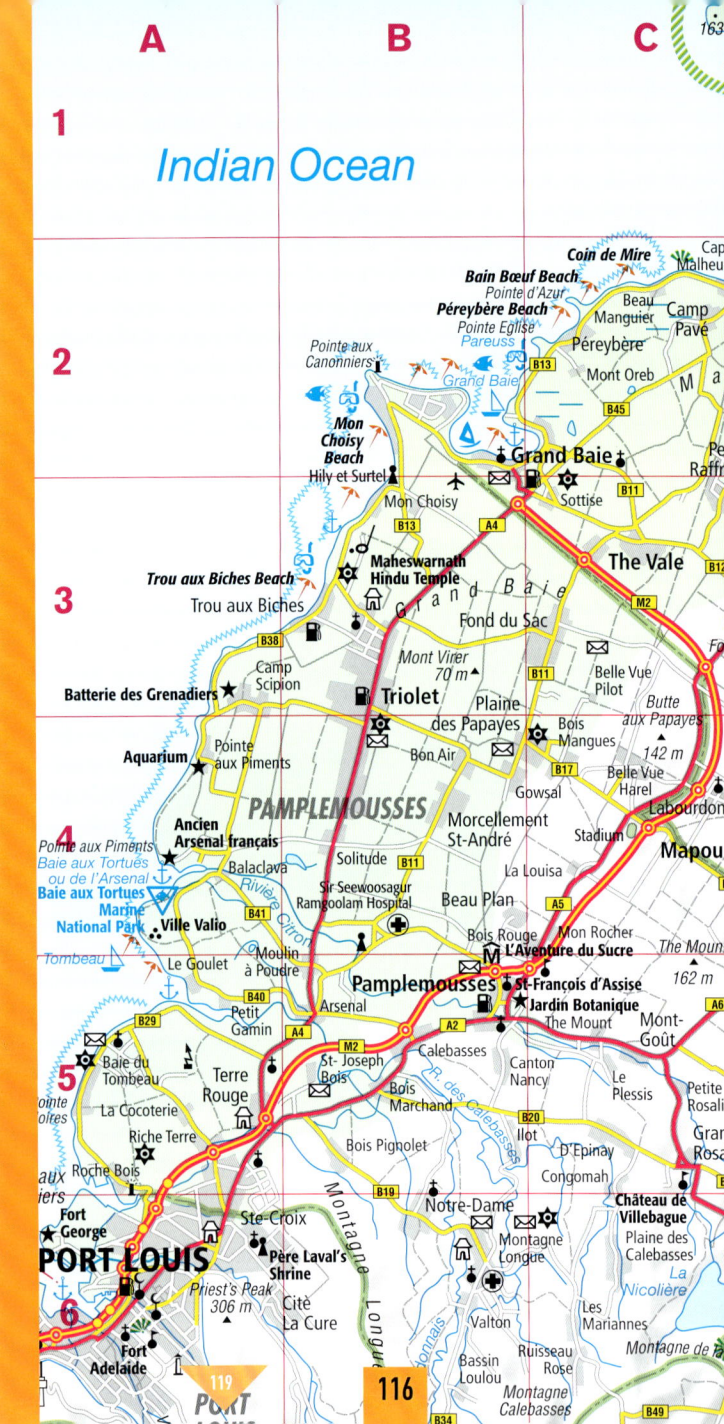

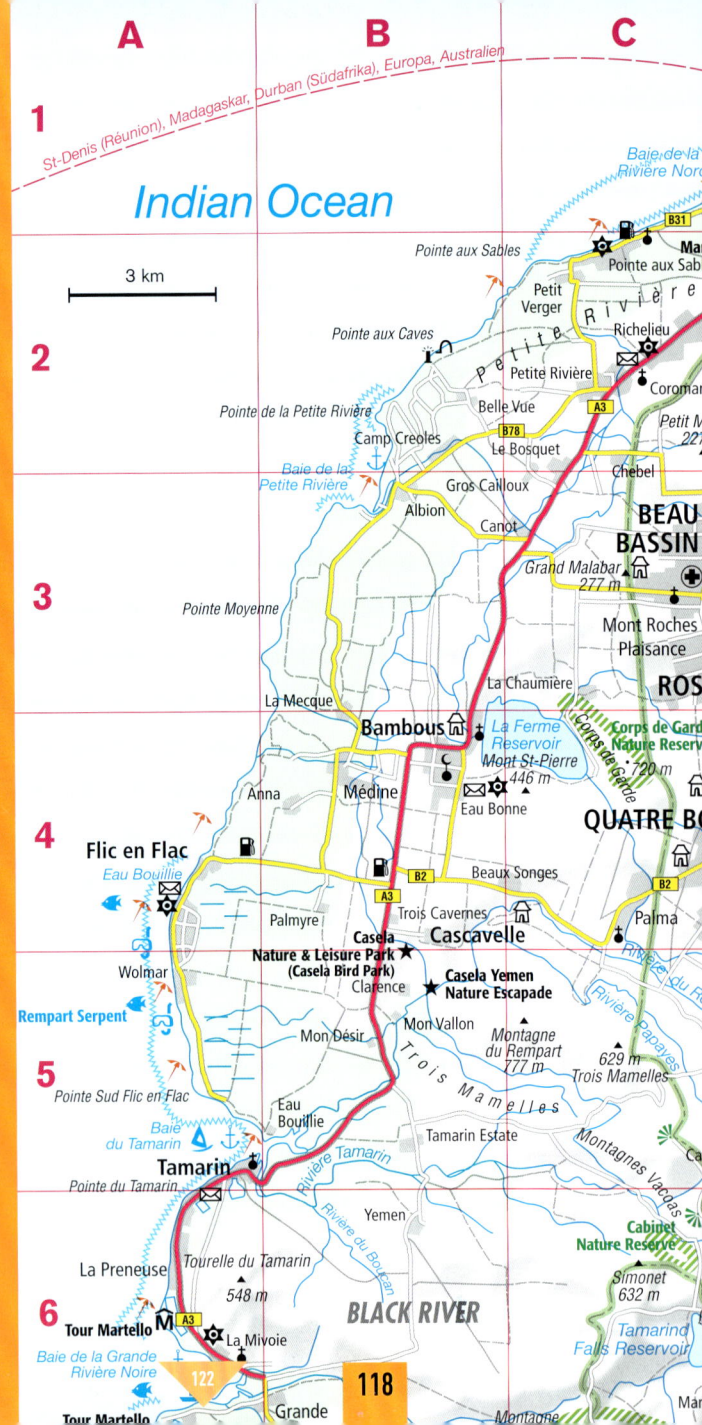

Indian Ocean

St-Denis (Réunion), Madagaskar, Durban (Südafrika), Europa, Australien

A   B   C

1

2

3

4

5

6

3 km

Pointe aux Sables
Baie de la C
Rivière Nord
B31
Pointe aux Sable
Mar
Petit
Verger
Richelieu
Pointe aux Caves
Petite Rivière
Coroman
Petit Ma
227
A3
Pointe de la Petite Rivière
Belle Vue
B78
Chebel
Camp Creoles
Le Bosquet
Gros Cailloux
BEAU BASSIN
Baie de la
Petite Rivière
Albion
Canot
Grand Malabar
277 m
Pointe Moyenne
La Chaumière
Mont Roches
Plaisance
ROS
La Mecque
Bambous
La Ferme
Reservoir
Corps de Garde
Nature Reserve
720 m
Mont St-Pierre
446 m
Médine
Anna
Eau Bonne
QUATRE BO
Flic en Flac
Eau Bouillie
B2
Beaux Songes
B2
Palma
A3
Palmyre
Trois Cavernes
Cascavelle
Casela
Nature & Leisure Park
(Casela Bird Park)
Casela Yemen
Nature Escapade
Wolmar
Clarence
Rempart Serpent
Mon Désir
Mon Vallon
Montagne
du Rempart
777 m
629 m
Trois Mamelles
Pointe Sud Flic en Flac
Eau
Bouillie
Trois Mamelles
Baie
du Tamarin
Tamarin Estate
Montagnes Vacdas
Tamarin
Pointe du Tamarin
Rivière Tamarin
Yemen
Cabinet
Nature Reserve
La Preneuse
Tourelle du Tamarin
548 m
Simonet
632 m
BLACK RIVER
Tamarin
Falls Reservoir
Tour Martello
A3
La Mivoie
Baie de la Grande
Rivière Noire
122
118
Tour Martello
Grande
Montagne
Mare

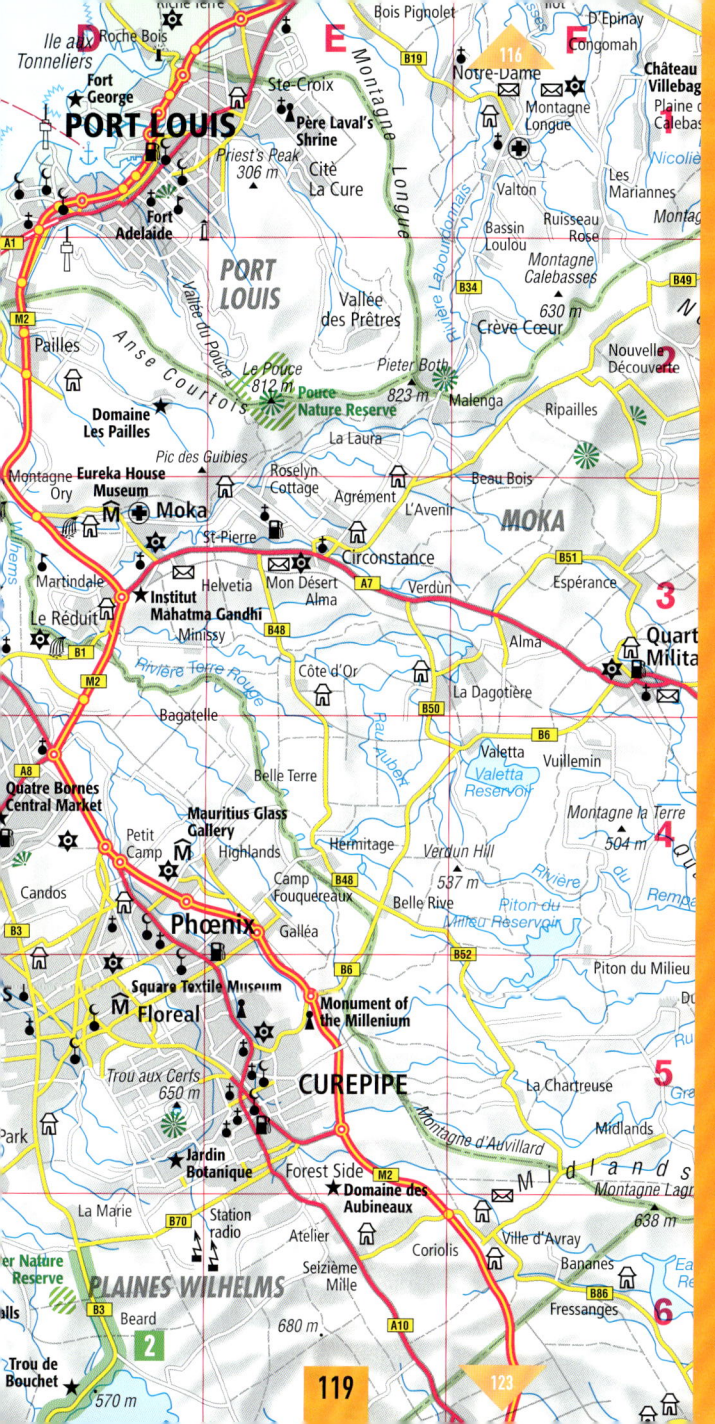

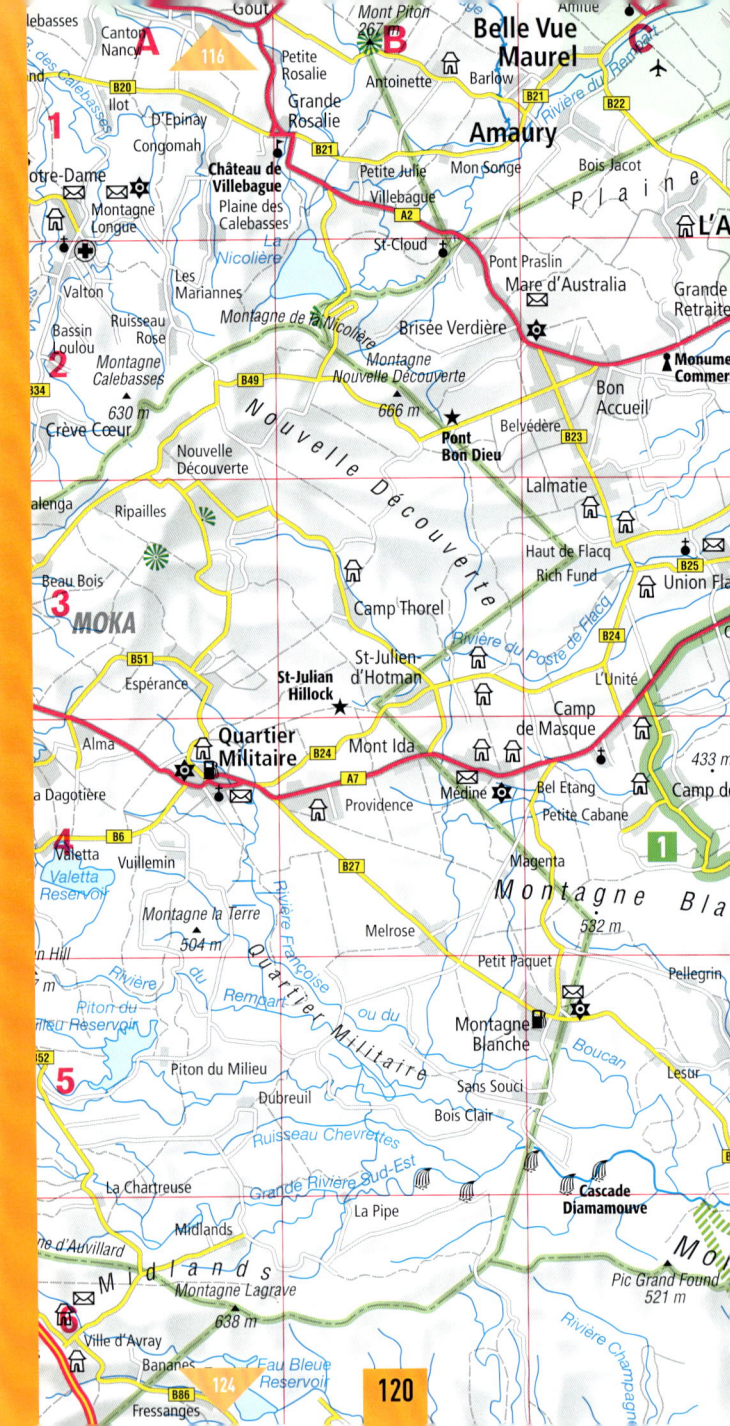

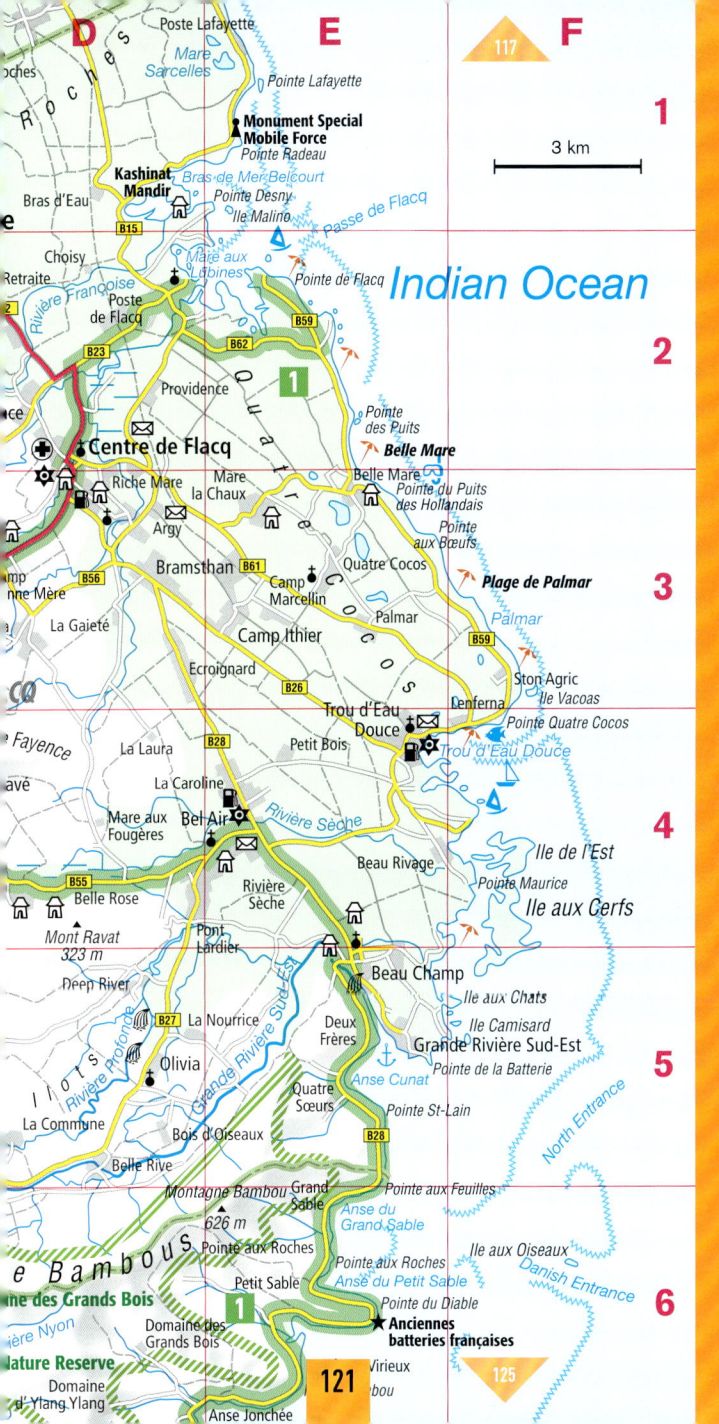

117

Poste Lafayette
Mare Sarcelles
Pointe Lafayette

1

3 km

**Monument Special
Mobile Force**
Pointe Radeau
Bras de Mer Belcourt

**Kashinat
Mandir**
Pointe Desny
Île Malino

Bras d'Eau

B15

Choisy
Mare aux Lubines
Retraite

Rivière Françoise

Poste de Flacq
Pointe de Flacq

B59

Passe de Flacq

Indian Ocean

B23

B62

1

2

Providence

Pointe des Puits

Belle Mare

Centre de Flacq

Belle Mare

Riche Mare
Mare la Chaux

Pointe du Puits des Hollandais

Argy

Pointe aux Bœufs

Bramsthan

B61

Quatre Cocos

Plage de Palmar

3

Camp Marcellin

Palmar

Palmar

La Gaieté

B56

ne Mère

Camp Ithier

B59

Ecroignard

Ston Agric
Île Vacoas

B26

Trou d'Eau Douce

Lenferna

Pointe Quatre Cocos

Fayence

La Laura

B28

Petit Bois

Trou d'Eau Douce

vé

La Caroline

Mare aux Fougères

Bel Air

Rivière Sèche

4

Beau Rivage

Île de l'Est

B55

Belle Rose

Rivière Sèche

Pointe Maurice

Île aux Cerfs

▲ *Mont Ravat
323 m*

Pont Lardier

Deep River

Beau Champ

Île aux Chats

B27

La Nourrice

Deux Frères

Île Camisard

Grande Rivière Sud-Est

5

Rivière Profonde

Olivia

Pointe de la Batterie

Anse Cunat

Grande Rivière Sud-Est

La Commune

Quatre Sœurs

Pointe St-Lain

Bois d'Oiseaux

B28

Belle Rive

Montagne Bambou

Grand Sable

Pointe aux Feuilles

Anse du Grand Sable

North Entrance

▲ *626 m*
Pointe aux Roches

6

e Bambous

Petit Sable

Pointe aux Roches
Anse du Petit Sable

Île aux Oiseaux

Danish Entrance

1

ne des Grands Bois

Pointe du Diable

★ **Anciennes
batteries françaises**

Domaine des Grands Bois

121

Virieux
bou

125

ature Reserve

Domaine
d'Ylang-Ylang

Anse Jonchée

ère Nyon

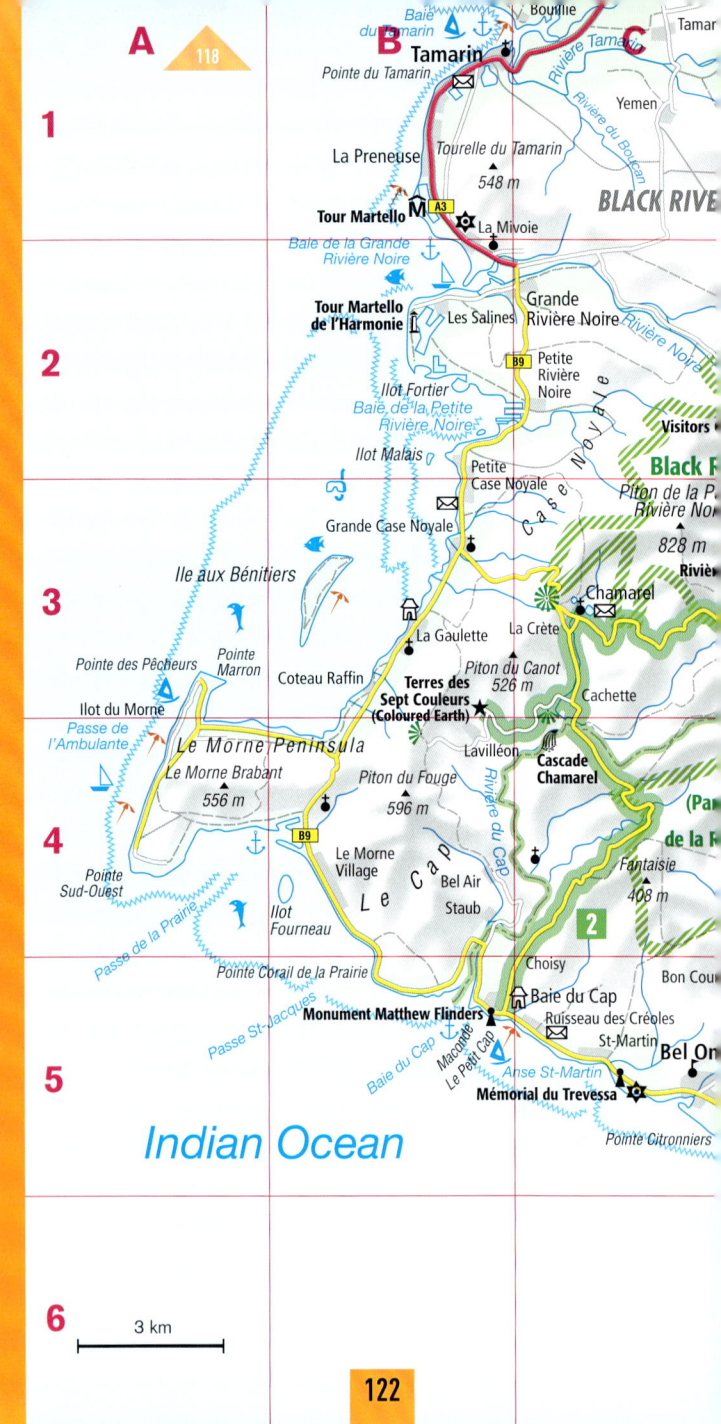

A3

Baie du Tamarin

B Tamarin

C Tamar

Rivière Tamar

Pointe du Tamarin

Yemen

1

La Preneuse

Tourelle du Tamarin
▲ 548 m

Rivière du Boucan

Tour Martello M **A3**

☸ La Mivoie

BLACK RIVE

Baie de la Grande
Rivière Noire

**Tour Martello
de l'Harmonie** ↥ Les Salines

Grande
Rivière Noire

Rivière Noire

B9 Petite
Rivière
Noire

2

Ilot Fortier

Baie de la Petite
Rivière Noire

Visitors

Ilot Malais

Petite
Case Noyale

Case Noyale

Black R

Piton de la P
Rivière Noi
▲ 828 m

Grande Case Noyale

Riviè

Chamarel ☸

3

Ile aux Bénitiers

Pointe
Marron

Coteau Raffin

↥ ● La Gaulette

La Crète

Piton du Canot
▲ 526 m

**Terres des
Sept Couleurs
(Coloured Earth)** ★

Cachette

Pointe des Pêcheurs

Ilot du Morne

Passe de
l'Ambulante

Le Morne Peninsula

Lavilléon

**Cascade
Chamarel**

Le Morne Brabant
▲ 556 m

Piton du Fouge
▲ 596 m

Rivière du Cap

(Pa

de la R

4

Pointe
Sud-Ouest

B9

Le Morne
Village

Bel Air

Staub

Le Cap

Fantaisie
▲ 408 m

Ilot
Fourneau

2

Passe de la Prairie

Pointe Corail de la Prairie

Choisy

Bon Cou

Passe St-Jacques

Monument Matthew Flinders ↥

Baie du Cap

Ruisseau des Créoles

St-Martin

Bel On

5

Baie du Cap

Macondé
Le Petit Cap

Anse St-Martin

Mémorial du Trevessa ☸

Pointe Citronniers

Indian Ocean

6

3 km

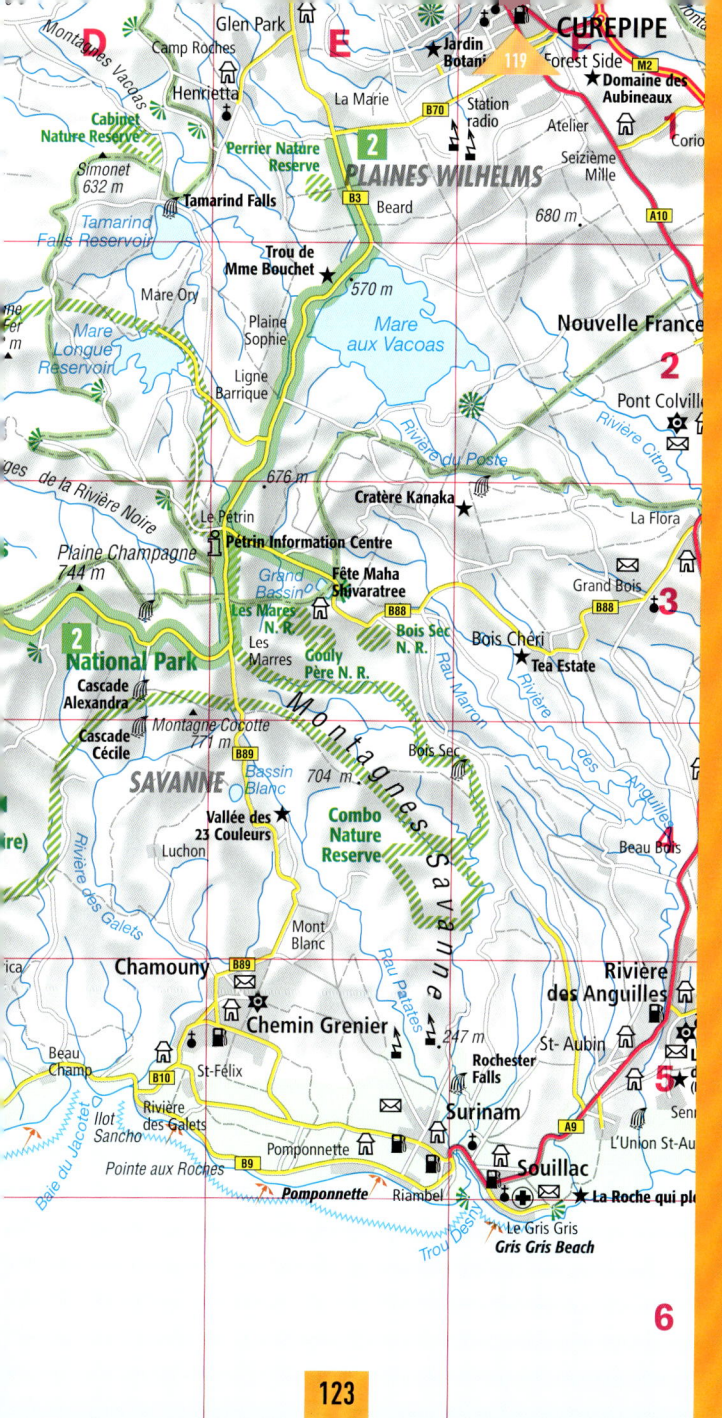

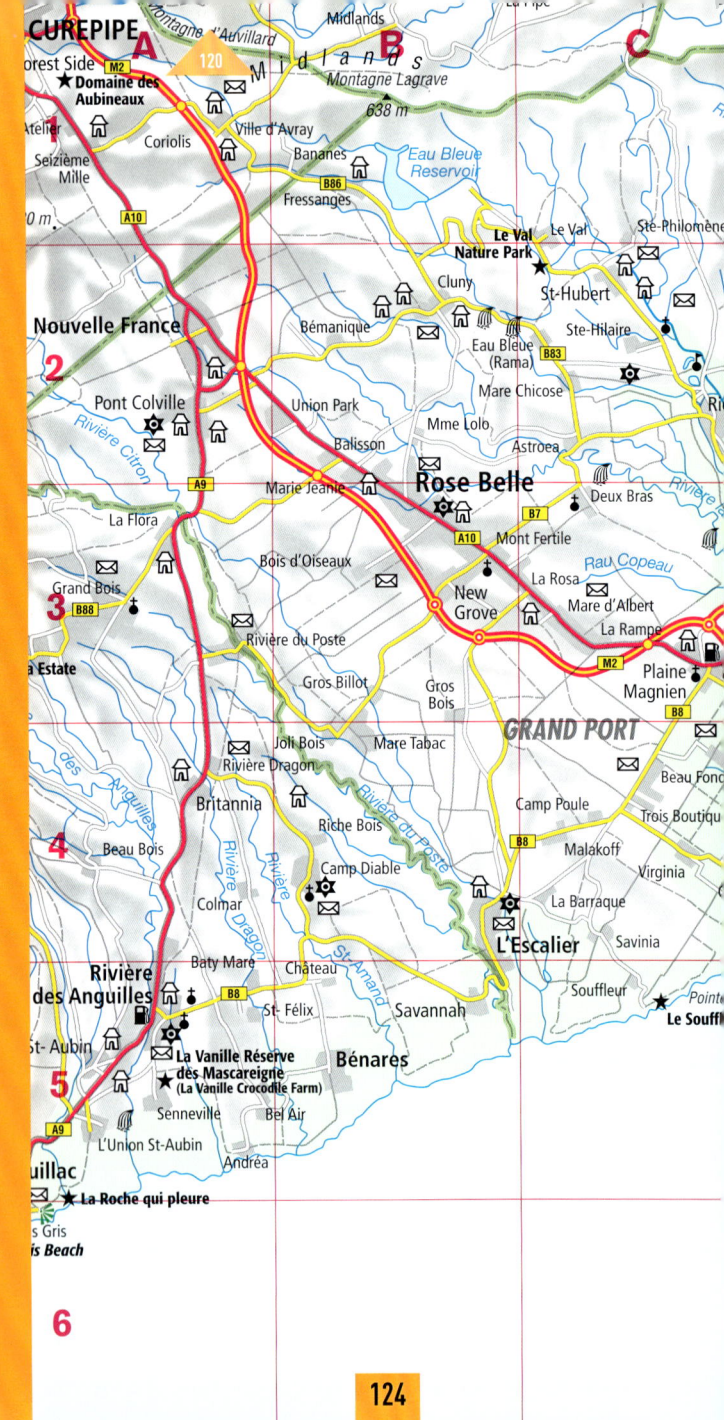

CUREPIPE

Forest Side

★ Domaine des Aubineaux

Atelier

Coriolis

Ville d'Avray

Seizième Mille

Nouvelle France

Pont Colville

Rivière Citron

La Flora

Grand Bois

La Estate

Midlands

Montagne d'Auvillard

Montagne Lagrave
638 m

Bananes

Fressanges

Bémanique

Union Park

Balisson

Marie Jeanne

Bois d'Oiseaux

Rivière du Poste

Gros Billot

Joli Bois

Rivière Dragon

Britannia

Riche Bois

Beau Bois

Colmar

Baty Maré

Château

Rivière des Anguilles

St-Aubin

L'Union St-Aubin

La Vanille Réserve
des Mascareignes
(La Vanille Crocodile Farm)

Senneville

Bel Air

Andréa

uillac

★ La Roche qui pleure

s Gris

is Beach

Eau Bleue
Reservoir

Le Val
Nature Park

Cluny

Eau Bleue
(Rama)

Mare Chicose

Mme Lolo

Astroea

Rose Belle

Mont Fertile

New Grove

La Rosa

Mare d'Albert

La Rampe

Gros Bois

Mare Tabac

Camp Poule

Camp Diable

St-Félix

Bénares

Le Val

Ste-Philomène

St-Hubert

Ste-Hilaire

Deux Bras

Plaine Magnien

GRAND PORT

Beau Fond

Trois Boutiqu

Malakoff

Virginia

La Barraque

Savina

L'Escalier

Savannah

Souffleur

Le Souff

Pointe

Rau Copeau

Rivière

Rivière du Poste

Savanne

St Amand

des Anguilles

Rivière Dragon

A
B
C

1
2
3
4
5
6

120

M2

A10

B86

B83

B7

A10

B88

B8

B8

M2

B8

B8

A9

124

Montagne Bambou

626 m

Pointe aux Roches

Anse du Grand Sable

121

aux Roches

Ile aux O

F

Anse du Petit Sable

Petit Sable

Domaine des Grands Bois

1

Pointe du Diable

★ **Anciennes batteries françaises**

1

Domaine des Grands Bois

Bambous Virieux

Nature Reserve

Domaine d'Ylang-Ylang

Montagne du Lion

480 m

Pointe Bambou

Anse Jonchée

Anse Jonchée

Providence

Ferney

Le Vallon

Vieux Grand Port

Bois des Amourettes

Monument to the Dutch

1

Pavillon du Grand Port

Anse d'Hercule

Montagne des Créoles

B28

Anse Colas

Ruines du Vieux Grand Port

Salle d'Armes

480 m

Trou Beloute

Ilot Singes

Rivière des Créoles

Trou Thomy

Pointe Brocus

Anse Fauvereille

⚓

Ile Marianne

Dalais

Pointe de la Colonie

Ile de la Passe

Ile Vacoas

Ile aux Fouquets

Ville-Noire

Pointe des Régates

South Entrance

MAHÉBOURG

Barachois Rochecouste

Musée Naval

M

Pointe Jérôme

La Chaux

Ile aux Aigrettes

Ile aux Aigrettes Nature Reserve

Beau Vallon

Pointe d'Esny

A10

Pointe d'Esny

✈ **SSR International Airport**

Pointe des Deux Cocos

Plaisance

Blue Bay

Mon Désert

Le Châland

Blue Bay

Pointe Corps de Garde

Blue Bay Marine National Park

Ile des Deux Cocos

Colorado (Grand Canyon)

Pointe Vacoas

La Cambuse

Le Bouchon

2

3

4

Indian Ocean

5

3 km

6

Autobahn mit Anschlussstelle Motorway with junction		Hafen; Segeln Port; Sailing	
Autobahn in Bau Motorway under construction		Hochseefischen; Fischen Deep sea fishing; Fishing	
Fernstraße Highway		Wassersport; Schnorchelmöglichkeit Watersports; Snorkeling	
Hauptstraße Main road		Aussichtspunkt Lookout point	
Nebenstraße Secundary road		Leuchtturm; Sendeturm; Turm Lighthouse; telecommunication tower; tower	
Fahrweg; Fußweg Track; Footpath		Schloss, Burg; Kirche Palace, castle; church	
Fähre Ferry		Moschee; Tempel Mosque, temple	
Provinzgrenze Province border		Höhle; Sehenswürdigkeit Cave; point of interest	
Nationalpark National park		Berggipfel; Höhenpunkt Mountain top; geodetic point	
Korallenriff Coral reef		Archäologische Stätte; Museum Archeological site; museum	
Internationaler Flughafen International airport		Denkmal, Monument Memorial, monument	
Flugplatz Airfield		Wasserfall Waterfall	
Badestrand Beach		Krankenhaus; Polizei Hospital; police	
Ausflüge und Touren Excursions & tours		Postamt; Tankstelle Post office; filling station	

REGISTER

Hier finden Sie alle in diesem Reiseführer erwähnten Orte, Sehenswürdigkeiten und Ausflugsziele. Halbfette Seitenzahlen verweisen auf den Haupteintrag, kursive auf ein Foto.

> **www.marcopolo.de/mauritius**

> SCHREIBEN SIE UNS!

Liebe Leserin, lieber Leser,

wir setzen alles daran, Ihnen möglichst aktuelle Informationen mit auf die Reise zu geben. Dennoch schleichen sich manchmal Fehler ein – trotz gründlicher Recherche unserer Autoren/innen. Sie haben sicherlich Verständnis, dass der Verlag dafür keine Haftung übernehmen kann.

Wir freuen uns aber, wenn Sie uns schreiben.

Senden Sie Ihre Post an die
MARCO POLO Redaktion,
MAIRDUMONT, Postfach 31 51,
73751 Ostfildern,
info@marcopolo.de

IMPRESSUM

Titelbild: Ségatänzerin in Volkstracht (Getty Images/Stone: Thomas)
Fotos: IV PL@Y: Mario Guillot (15 o.); Gerald Bancilhon (12 o.); Blues Diving Ltd.: H. Vitry (91 o. l.); Casinos of Mauritius Marketing Dep. (14 u.); Fotolia: DWP (91 u. r.); Getty Images/Stone: Thomas (1); J. Gutowski (3 M., 63); Hotel Prince Maurice (60); Hotels Constance: C. Reiter (90 u. r.); Huber: Giovanni Simeone (82/83), Huber (U. L., 6/7), Jetter (78), Mezzanotte (56/57), Puku (96/97), Scaté (73), Schmid (20/21, 28, 42/43, 62, 66/67); R. Irek (22/23, 52); © iStockphoto.com: innlens (15 u.), jacomstephens (91 M. r.), JestersCap (90 M. l.), liewy (13 o.), LifeJourneys (90 M. r.), Mikosch (15 M.), RapidFye (13 u.), redbaron (90 o. l.); Daniel Koenig (14 o.); Laif: Biskup (4 l., 16/17, 29, 50), Heuer (U. R., 8, 26, 28/29, 74/75), Huber (2 l., 23, 80), Jonkmanns (55), Meier (U. M., 22, 40, 89, 94), Standl (32, 36, 46), Tophoven (24/25, 30/31); F. Langer (131); H. Leue (92/93); Mauritius: Cassio (76); H. Mielke (3 l., 4 r., 9, 11, 19, 34, 35, 39, 44/45, 48/49, 53, 58, 65, 70/71, 84/85, 86, 88, 99, 114/115); Naïade Resorts Ltd. (12 u.); Sakura: Riccardo Roccardi/Joly Press Rome (91 M. l.); Schapowalow: Gatha (2 r.), Huber (27); Schuster: Fiore (5), Roth (37), Schulz (3 r.); A. Sperber (68)

9., aktualisierte Auflage 2008
© MAIRDUMONT GmbH & Co. KG, Ostfildern
Verlegerin: Stephanie Mair-Huydts; Chefredaktion: Michaela Lienemann, Marion Zorn
Autor: Freddy Langer; Bearbeitung: Freddy Langer, Karin Dequeecker; Redaktion: Daniela Fois
Programmbetreuung: Leonie Dlugosch, Nadia Al Kureischi; Bildredaktion: Helge Rösch, Gabriele Forst
Szene/24h: wunder media, München
Kartografie Reiseatlas: © MAIRDUMONT, Ostfildern
Innengestaltung: Zum goldenen Hirschen, Hamburg; Titel/S. 1–3: Factor Product, München
Sprachführer: in Zusammenarbeit mit Ernst Klett Sprachen GmbH, Stuttgart, Redaktion PONS Wörterbücher
Das Werk einschließlich aller seiner Teile ist urheberrechtlich geschützt. Jede urheberrechtsrelevante Verwertung ist ohne Zustimmung des Verlages unzulässig und strafbar. Das gilt insbesondere für Vervielfältigungen, Übersetzungen, Nachahmungen, Mikroverfilmungen und die Einspeicherung und Verarbeitung in elektronischen Systemen.
Printed in Germany. Gedruckt auf 100% chlorfrei gebleichtem Papier

FÜR IHRE NÄCHSTE REISE

gibt es folgende MARCO POLO Titel:

DEUTSCHLAND

Allgäu
Amrum/Föhr
Bayerischer Wald
Berlin
Bodensee
Chiemgau/Berchtes-
  gadener Land
Dresden/Sächsische
  Schweiz
Düsseldorf
Eifel
Erzgebirge/Vogtland
Franken
Frankfurt
Hamburg
Harz
Heidelberg
Köln
Lausitz/Spreewald/
  Zittauer Gebirge
Leipzig
Lüneburger Heide/
  Wendland
Mark Brandenburg
Mecklenburgische
  Seenplatte
Mosel
München
Nordseeküste
  Schleswig-
  Holstein
Oberbayern
Ostfriesische Inseln
Ostfriesland/
  Nordseeküste/
  Niedersachsen/
  Helgoland
Ostseeküste
  Mecklenburg-
  Vorpommern
Ostseeküste
  Schleswig-
  Holstein
Pfalz
Potsdam
Rheingau/
  Wiesbaden
Rügen/Hiddensee/
  Stralsund
Ruhrgebiet
Schwäbische Alb
Schwarzwald
Stuttgart
Sylt
Thüringen
Usedom
Weimar

ÖSTERREICH | SCHWEIZ

Berner Oberland/
  Bern
Kärnten
Österreich
Salzburger Land

Schweiz
Tessin
Tirol
Wien
Zürich

FRANKREICH

Bretagne
Burgund
Côte d'Azur/
  Monaco
Elsass
Frankreich
Französische
  Atlantikküste
Korsika
Languedoc
  Roussillon
Loire-Tal
Normandie
Paris
Provence

ITALIEN | MALTA

Apulien
Capri
Dolomiten
Elba/Toskanischer
  Archipel
Emilia-Romagna
Florenz
Gardasee
Golf von Neapel
Ischia
Italien
Italienische Adria
Italien Nord
Italien Süd
Kalabrien
Ligurien/
  Cinque Terre
Mailand/Lombardei
Malta/Gozo
Oberital. Seen
Piemont/Turin
Rom
Sardinien
Sizilien/
  Liparische Inseln
Südtirol
Toskana
Umbrien
Venedig
Venetien/Friaul

SPANIEN | PORTUGAL

Algarve
Andalusien
Barcelona
Baskenland/Bilbao
Costa Blanca
Costa Brava
Costa del Sol/
  Granada
Fuerteventura

Gran Canaria
Ibiza/Formentera
Jakobsweg/Spanien
La Gomera/El Hierro
Lanzarote
La Palma
Lissabon
Madeira
Madrid
Mallorca
Menorca
Portugal
Spanien
Teneriffa

NORDEUROPA

Bornholm
Dänemark
Finnland
Island
Kopenhagen
Norwegen
Schweden
Südschweden/
  Stockholm

WESTEUROPA | BENELUX

Amsterdam
Brüssel
Dublin
England
Flandern
Irland
Kanalinseln
London
Luxemburg
Niederlande
Niederländische
  Küste
Schottland
Südengland

OSTEUROPA

Baltikum
Budapest
Estland
Kaliningrader Gebiet
Lettland
Litauen/Kurische
  Nehrung
Masurische Seen
Moskau
Plattensee
Polen
Polnische Ostsee-
  küste/Danzig
Prag
Riesengebirge
Rumänien
Russland
Slowakei
St. Petersburg
Tschechien
Ungarn
Warschau

SÜDOSTEUROPA

Bulgarien
Bulgarische
  Schwarz-
  meerküste
Kroatische Küste/
  Dalmatien
Kroatische Küste/
  Istrien/Kvarner
Montenegro
Slowenien

GRIECHENLAND | TÜRKEI

Athen
Chalkidiki
Griechenland
  Festland
Griechische
  Inseln/Ägäis
Istanbul
Korfu
Kos
Kreta
Peloponnes
Rhodos
Samos
Santorin
Türkei
Türkische Südküste
Türkische Westküste
Zakinthos
Zypern

NORDAMERIKA

Alaska
Chicago und
  die Großen Seen
Florida
Hawaii
Kalifornien
Kanada
Kanada Ost
Kanada West
Las Vegas
Los Angeles
New York
San Francisco
USA
USA Neuengland/
  Long Island
USA Ost
USA Südstaaten/
  New Orleans
USA Südwest
USA West
Washington D.C.

MITTEL- UND SÜDAMERIKA

Argentinien
Brasilien
Chile
Costa Rica
Dominikanische
  Republik

Jamaika
Karibik/
  Große Antillen
Karibik/
  Kleine Antillen
Kuba
Mexiko
Peru/Bolivien
Venezuela
Yucatán

AFRIKA | VORDERER ORIENT

Ägypten
Djerba/
  Südtunesien
Dubai/Vereinigte
  Arabische Emirate
Israel
Jerusalem
Jordanien
Kapstadt/
  Wine Lands/
  Garden Route
Kenia
Marokko
Namibia
Qatar/Bahrain/
  Kuwait
Rotes Meer/Sinai
Südafrika
Tunesien

ASIEN

Bali/Lombok
Bangkok
China
Hongkong/
  Macau
Indien
Japan
Ko Samui/
  Ko Phangan
Malaysia
Nepal
Peking
Philippinen
Phuket
Rajasthan
Shanghai
Singapur
Sri Lanka
Thailand
Tokio
Vietnam

INDISCHER OZEAN | PAZIFIK

Australien
Malediven
Mauritius
Neuseeland
Seychellen
Südsee

> UNSER INSIDER

MARCO POLO Autor Freddy Langer im Interview

Freddy Langer leitet den Reiseteil der F.A.Z. Nach Mauritius kam er 1991 zum ersten Mal. Es war Liebe auf den ersten Blick

Sie leben nicht auf Mauritius; würden Sie gern dort wohnen?

Nein, ich glaube nicht, dass ich mich auf Mauritius auf Dauer einrichten könnte. Das Leben dort ist zu langsam. Aber ich versuche so oft wie möglich, ein paar Wochen dort zu verbringen.

Was zieht Sie dorthin?

Die Insel erfüllt mit ihren weißen, palmgesäumten Stränden die Sehnsucht nach einem exotischen, abgeschiedenen Ort. Aber es ist eben mehr als nur Einsamkeit am Strand. Die Berge bieten eine erstaunliche Vielfalt an Möglichkeiten für Ausflüge und Wanderungen. Und Port Louis ist eine quirlige Stadt, die besonders in den vergangenen Jahren gezeigt hat, dass sie sie – auch architektonisch – im einundzwanzigsten Jahrhundert angekommen ist.

Kommt man schnell mit der Bevölkerung in Kontakt?

Ständig. Schon im Hotel, vor allem aber in Bussen und Läden, an den Imbissständen und in Restaurants, dort kommt man rasch mit Fremden ins Erzählen. Am offensten und freundlichsten sind die Unterhaltungen in den Kirchen, Tempeln und Moscheen. Auf Mauritius gibt es vermutlich mehr Glaubensrichtungen als irgendwo sonst auf der Welt auf solch engem Raum. Dennoch kommt es fast nie zu Auseinandersetzungen; im Gegenteil: Es wurde schon gesagt, dass das Leben auf Mauritius mit seinen vielen Völkern und Kulturen eine Blaupause für die Welt der Zukunft liefern könnte.

Wie verständigen Sie sich?

Auf Englisch, das versteht nahezu jeder und spricht es auch sehr gut, obwohl viele Mauritier Französisch bevorzugen.

Warum glauben Sie, einen Reiseführer über Mauritius schreiben zu können?

Schon aus beruflichen Gründen habe ich in den vergangenen siebzehn Jahren etliche Ecken der Welt besucht. Das schärft den Blick und gibt zugleich eine gewisse Distanz, vielleicht sollte ich eher sagen Routine, nicht gleich über alles zu staunen, nur weil es fremd ist.

Mögen Sie die Küche von Mauritius?

Machen Sie Witze? Welche meinen Sie? Die indische, die kreolische, die chinesische, die französische? Es ist fantastisch, wie hier aus ein und denselben Zutaten buchstäblich am selben Herd ganz unterschiedliche Gerichte gezaubert werden. Ich mag jede Art von Cari – mein Favorit darunter ist Hummer, der zwar selten auf der Karte steht, aber von guten Köchen gerne zubereitet wird.

> BLOSS NICHT!

Auch auf Mauritius gibt es Dinge, die man besser lässt

Falsche Souvenirs sammeln

Muscheln, Korallen und Schildkröten gehören ins Meer und nicht als Staubfänger aufs Regal! Wer sie sammelt oder kauft, ist mitverantwortlich für die Zerstörung einer fragilen und einzigartigen Unterwasserwelt. Tot oder lebendig, aus anderen Ländern oder von hier, gezüchtet oder nicht – lassen Sie die Finger davon. So manches Souvenir wird am Zoll beschlagnahmt, weil die Einfuhr verboten ist.

Heimische Verhältnisse erwarten

Trotz Schnellstraßen und Verkehrsampeln ist Mauritius nicht Europa. Besonders nachts heißt es, sich nicht nur auf den Linksverkehr zu konzentrieren: Schlaglöcher, unbeleuchtete Fahrräder, betrunkene Landarbeiter, schlafende Hunde – die Straßen der Insel sind zu jeder Tageszeit belebt. Übrigens: Den Besuch im großen Hotel sollte man anmelden, sonst riskiert man ein Eintrittsverbot durch den Pförtner.

Oben ohne um jeden Preis

An öffentlichen Stränden, an denen die einheimischen Frauen den Sari sogar im Wasser anbehalten, empfindet die Bevölkerung sehr knappe Bademode oder gar Oben-ohne-Sonnen als Affront. Nacktbaden ist verboten, an den Poolanlagen der großen Hotels wird zumindest oben ohne geduldet. Das Bikinioberteil sollte aber höchstens dort abgelegt werden, wo Urlauber unter sich sind.

Preise kaputt machen

Der Preisunterschied zwischen dem Leben im Hotel und dem Leben in den Dörfern ist gewaltig. Für eine Übernachtung mit Halbpension in einem Doppelzimmer zahlen Urlauber oft mehr, als ein Mauritier im Monat verdient. Für manche der selbst ernannten Führer ist das Grund genug, ihre Tarife einem „westlichen" Standard anzupassen. Immer sollte man deshalb die Preise im Vorhinein verabreden und sich im Hotel über die gängigen Tarife (z. B. für Taxis) informieren – allein schon, um unangenehmen Überraschungen bei erhöhten Forderungen vorzubeugen. Bei Führungen durch Tempelanlagen wird eine Spende erwartet. Wer nicht mindestens 20 Rupien gibt, wird Missmut ernten.

Zu viel Haut zeigen

Schon auf der Straße und in Restaurants gilt es als unhöflich, in allzu knapper Freizeitmode herumzulaufen. In Tempeln, mehr noch aber in Moscheen, wird vom Besucher erwartet, lange Hosen und langärmelige Hemden zu tragen. Die Schuhe allerdings muss man am Eingang ausziehen.

Energie verschwenden

Klimaanlage morgens beim Verlassen des Hotelzimmers ausschalten und erst nach der Rückkehr am Abend wieder einschalten.